Peter Baireuther

Mathematik-
unterricht
in den Klassen 1 und 2

 Auer Verlag GmbH

Gedruckt auf umweltbewusst gefertigtem, chlorfrei gebleichtem und alterungsbeständigem Papier.

1. Auflage. 1999
Nach der Neuregelung der deutschen Rechtschreibung
© by Auer Verlag GmbH, Donauwörth. 1999
Alle Rechte vorbehalten
Gesamtherstellung: Ludwig Auer GmbH, Donauwörth
ISBN 3-403-03196-9

Inhaltsverzeichnis

Vorwort

Dieses Buch entstand auf der Grundlage einer gleichnamigen Vorlesung für Studierende der ersten Semester an der Pädagogischen Hochschule Weingarten. Die mit dieser Vorlesung verbundenen Absichten und ihre Gestaltung erklären die Form und die Zielsetzung des Buches und machen auch deutlich, warum ich dem recht umfangreichen Strauß der Standardliteratur zum Mathematikunterricht der Grundschule noch eine weitere Blüte hinzuzufügen versuche.

Mein Anliegen in der Vorlesung war es zunächst, den Studierenden erste Vertrautheit mit Materialien und Aufgabenstellungen des Anfangsunterrichts Mathematik zu vermitteln. Diese Erfahrungen waren der Ausgangspunkt für fachdidaktische Fragestellungen und Begriffsbildungen und diese wiederum die Grundlage für die Entwicklung von Fähigkeiten zur Beobachtung und Beurteilung von Lernhandlungen im mathematischen Anfangsunterricht. Die angesprochenen Grundlagen der Mathematikdidaktik sollten also von Anfang an nicht nur ein Wissensfundament, sondern in erster Linie eine Orientierungshilfe bei konkreten Überlegungen zur Unterrichtspraxis sein. Da aber die Einordnung und Bewertung von Wissen nicht durch einen durchstrukturierten Vortrag gelehrt, sondern nur im Gespräch angeregt und vorgelebt werden kann, habe ich versucht, durch ein Vorlesungsmanuskript die Hörerinnen und Hörer zugunsten einer aktiven Teilnahme am didaktischen Gespräch zu entlasten.

Das Manuskript und seine hier vorliegende Überarbeitung führt also über die kommentierende Beschreibung wichtiger Inhalte des Anfangsunterrichts in Grundbegriffe und Argumentationsweisen der Fachdidaktik Mathematik ein. Fachdidaktisches Wissen wiederum soll befähigen, die jeweils aktuellen Lehrpläne und Unterrichtsmaterialien verständig zu interpretieren und verantwortlich Fachunterricht zu konzipieren. Denn **Mathematikunterricht**, der diesen Namen verdient, muss durch die Art des Umgangs mit den Lerninhalten einerseits wichtige Elemente mathematischen Denkens und Handelns spürbar machen und andererseits einen Beitrag zur Erziehungsaufgabe der Schule leisten. Mathematik im **Anfangsunterricht** sollte sowohl allgemeine Prinzipien des Lernens von Mathematik wie auch die speziellen Lernbedingungen am Beginn der schulischen Sozialisation berücksichtigen. Guter Mathematikunterricht hat also sehr verschiedenartigen Ansprüchen gerecht zu werden. Entsprechend sollte die zugehörige Literatur versuchen, mindestens Anknüpfungspunkte zu schaffen, um Inhalte und Methoden in einem Beziehungsgeflecht der wichtigsten Einflussgebiete diskutieren zu können. Aus diesem Grunde wird in jedem Kapitel des Buches anhand des jeweiligen Inhalts ein passender Aspekt der Hintergrundtheorien eingeführt und näher betrachtet.

Eine Reihe von wichtigen Fragen zum Mathematikunterricht müssen bei der Beschränkung auf die ersten beiden Schuljahre auf der Strecke bleiben. Mit ihnen wird sich die ähnlich konzipierte Fortsetzung für die Klassen 3 und 4 befassen. Beide Bände zusammen sollen eine möglichst umfassende Einführung in die Didaktik der Grundschulmathematik geben.

Es empfiehlt sich, die Lektüre nicht nur dieses ersten Bandes zum Anlass für eine aktive Auseinandersetzung mit dem mathematischen Anfangsunterricht zu nutzen. In der erwähnten Vorlesung hatten die Studierenden Gelegenheit, sich vor der theoretischen Erörterung durch praktische Übungen im notwendigen Umfang kundig zu machen und selbstständig das Gespräch über Fragen des Mathematikunterrichts zu beginnen. Diese Übungen sind in Form und Inhalt für Leserinnen und Leser mit Unterrichtserfahrung weniger geeignet und es erwies sich auch als unmöglich, sie in das Manuskript zu integrieren. Kleine Reste sind in den eingestreuten Übungsaufgaben enthalten, die zeigen, dass auch elementare Mathematik weiterführende Fragestellungen zulässt. Darüber hinaus sollte man aber versuchen, die Aussagen des Buches jeweils mit einer ganz speziellen Unterrichtsrealität zu vergleichen – etwa in Form von den Vorschlägen, die ein Schulbuch zur Behandlung der verschiedenen Lerninhalte macht. Nur so kann das Buch seine Aufgabe erfüllen, durch die bewusst nicht wertfreie und neutrale Information zur Überprüfung und Weiterentwicklung der jeweiligen Standpunkte anzuregen. Mathematikunterricht ist nämlich auch und gerade zu Beginn keine wertneutrale Angelegenheit! Er hat wie die Schule insgesamt ganz entschiedenen Einfluss darauf, wie die Schüler die sie umgebende Welt wahrnehmen und wie sie auf sie zugehen. Ich wünsche mir, das Buch möge mit dazu helfen, dass viele Schüler im Mathematikunterricht mehr als nur das Einmaleins lernen.

Um Irritationen beim Lesen zu vermeiden, möchte ich vorweg noch über ein Formulierungsproblem berichten, das mir einiges Kopfzerbrechen machte. Ich kenne keine Formulierung, die beide Geschlechter der in der Grundschule handelnden Personen angemessen berücksichtigt, ohne den Lesefluss zu stören oder die Satzkonstruktion zu komplizieren. Bei meiner ohnehin ausgeprägten Neigung zu längeren Satzbildungen wollte ich aber vermeiden, die Lesbarkeit – eines der wichtigsten Kriterien für die Güte eines Buches – noch weiter zu beeinträchtigen. Ich habe mich deshalb dazu entschlossen, den statistischen Fakten Rechnung zu tragen. Da es in der Grundschule sehr viel mehr Lehrerinnen als Lehrer gibt, benütze ich hier grundsätzlich die weibliche Form, während ich bei den Schülern keinen entsprechenden Grund sah, von der gewohnten männlichen Form abzugehen. Natürlich ist auch diese Sprachregelung gewöhnungsbedürftig – so muss ich eben hoffen, dass die Leserinnen (!) lange genug bei der Stange bleiben, um sich damit auszusöhnen.

1. Die natürlichen Zahlen

1.1 Wann fängt richtige Mathematik an?

Als ich selbst in die Grundschule ging, hieß das Fach, in dem wir uns mit Zahlen beschäftigten, ganz selbstverständlich „Rechnen" und nicht „Mathematik". Selbst im Gymnasium stand im Zeugnis noch „Rechnen bzw. Mathematik". Niemand sah in den 50er-Jahren in dem angestrengten Üben der Grundrechenarten mehr als eine notwendige Voraussetzung, die es wesentlich später dann einigen speziell begabten Schülern ermöglichen sollte, sich mit der Mathematik zu beschäftigen. Das änderte sich 1972 mit der Reform, die durch die „moderne Mathematik" Grundzüge der Wissenschaft Mathematik schon in den Anfangsunterricht einbringen wollte. Seitdem genießen auch Grundschulkinder schon Mathematikunterricht, der auch nach der Rücknahme der meisten Elemente der „modernen Mathematik", speziell der Grundbegriffe der Mengenlehre, weiter seinen Namen behalten hat.

Der Name des Schulfaches hat sich durch die Reform der Reform zwar nicht geändert, wohl aber die vorherrschende Einstellung zum Fach. Wo die Mengenlehre mit ihrer befremdlichen Begrifflichkeit noch signalisierte, dass die Kinder sich mit einer anspruchvollen Thematik beschäftigen sollten, sind heute wie schon früher die meisten Lehrerinnen, aber auch Eltern davon überzeugt, dass der Lerninhalt sehr elementar sei. Jeder weiß doch, dass 2 + 2 = 4 ist – was soll daran interessant und spannend sein? Zumindest im Anfangsunterricht bleibt doch wohl wirklich nichts anderes übrig, als die nun einmal notwendige Einübung mechanischer Fertigkeiten für die Kinder so angenehm wie möglich zu verpacken und so die Grundlagen dafür zu legen, dass später echte mathematische Probleme und wichtige Anwendungen – eben die „richtige" Mathematik – angegangen werden können.

Wenn das stimmt, dann bleibt nur noch zu klären, wann der richtige Zeitpunkt gekommen ist, um vom Rechnen zur Mathematik überzugehen. Ein Blick auf den Mathematikunterricht auch höherer Schuljahre zeigt allerdings, dass er fast immer noch mit dem Bereitstellen von Vorkenntnissen beschäftigt ist. Die Anzahl der benötigten Techniken wächst zwar, ihr formales Niveau geht aber kaum über das des elementaren Rechnens hinaus. Und echte mathematische Problemsituationen bleiben äußerst seltenen Sternstunden vorbehalten. Auch die Anwendungen der Mathematik in den Sachaufgaben werden zwar komplexer, aber sie sind in der Regel genauso verkürzt und konstruiert, wie das gleich zu Beginn der Fall war. Also: Wann soll die wirkliche Mathematik beginnen?

Unbestritten ist der Anfang des Zählens und Rechnens wie auch die Wahrnehmung und Wiedergabe einfacher geometrischer Formen „elementar" und „grundlegend" für die ganze Mathematik. Das war und ist in der Geschichte der Menschheit ebenso wie in der Entwicklung des einzelnen Individuums. Streiten kann man allerdings über die Deutung der beiden Adjektive: „Elementar" kann man ebenso als „ganz einfach" wie als „Kern der Sache" lesen; „grundlegend" sowohl als „einfache Voraussetzung" wie als „wesentliche Erkenntnis". Aber welch himmelweiter Unterschied liegt zwischen den beiden Auffassungen! Und die Konsequenzen für den Unterricht sind gravierend: Wo es nur darum geht, ganz einfache Voraussetzungen für die „richtige" Mathematik zu schaffen, kommt es wirklich ausschließlich auf die richtige Methode an, mit der die Einge-wöhnungsschwierigkeiten der Kinder möglichst effektiv überwunden werden können. Wenn andererseits die Kinder beim einfachen Zählen schon zu wichtigen mathematischen Erkenntnissen und Einsichten kommen können, verbietet sich geradezu jeder gleichmachende und einengende Drill – und wenn er noch so schön verpackt ist!

Leider wird die erste der beiden genannten Deutungen im Mathematikunterricht nicht nur zu Beginn ganz selbstverständlich als richtig angesehen. Als fatale Folge davon versucht man durch „sichere" Methoden den Lernstoff in „leicht ver-dauliche" Päckchen zu zerstückeln und so jede Überraschung und jede Erkennt-nis auszuschließen. Dabei müsste man es doch besser wissen! Allen methodi-schen Kniffen zum Trotz gibt es nach wie vor Kinder, die sich auch nach langer Bemühung mit den doch so einfachen und so gut motivierten Grundfertigkeiten sehr schwer tun und sie womöglich nie richtig lernen. Womöglich ist es sogar mehr als eine Mode, wenn derzeit immer mehr Kindern eine ausgesprochene Rechenschwäche attestiert wird!

Ganz offenkundig handelt es sich schon bei der elementaren Mathematik nicht nur um einfache Fertigkeiten, die auch von einem schwach begabten Kind ziem-lich rasch einzuüben wären. In den mathematischen Zeichen und in den Mani-pulationen mit ihnen muss ebenso wie in den Buchstaben der Schrift etwas Wesentliches enthalten sein, was man nicht ausschließlich durch Einüben vermit-teln kann.

Nicht nur die so genannten „schwachen" Schüler – die außerhalb des Mathe-matikunterrichts oft recht aufgeweckt sind – erreicht man nur bedingt durch die Elementarisierung der Anforderungen. Noch schlimmer sind die Folgen für die Kinder, die die im Anfangsunterricht zu vermittelnden Techniken schon weit-gehend mitbringen oder sehr schnell erwerben und sich in ihrer Langeweile nur durch ihre dauernden Erfolge trösten können. Mathematikunterricht muss mehr sein als gut getarnte Dressur!

Es war nicht nur die Betriebsblindheit der dem Alltag entfremdeten „Wissen-schaftler", die vor fast 40 Jahren zu dem Versuch geführt hat, Ergebnisse der neueren mathematischen Grundlagenforschung unter dem Stichwort „Mengen-lehre" ganz an den Beginn des schulischen Mathematikunterrichts zu stellen. Dass und warum das nicht gut gehen konnte, soll an dieser Stelle nicht dis-kutiert werden. Aber bemerkenswert bleibt, dass die Vorstellung, ganz zu Beginn des mathematischen Lernens müssten Einsichten in das Wesen der Mathematik stehen, nicht ganz neu ist. Wenn dieser Anspruch etwas reduziert wird auf die Forderung, der mathematische Anfangsunterricht müsse Elemente enthalten, die auch für die Lehrerin interessant und spannend sind, dann formuliert er nichts anderes mehr als eine notwendige Voraussetzung für guten Unterricht. Denn wie soll eine Lehrerin Interesse zeigen für den sehr individuellen Umgang ihrer Schüler mit einem Lernstoff, der für sie selbst keine Überraschung mehr enthält und keine individuellen Sichtweisen möglich macht! Mit einer längst fertig vorgedachten, also toten Sache lässt sich kein lebendiger Unterricht machen.

Als Einstieg soll eine „Spielerei" zeigen, wie auch ganz elementare mathematische Fragen zu Problemstellungen und zu Einsichten führen können, die keineswegs selbstverständlich sind. Es wird auch deutlich, dass die allzu gewohnte Ordnung der ersten Zahlen das Abstraktum aus einer ungeheuren Vielzahl von Ordnungsmöglichkeiten ist, dass es deshalb in dieser unüberschaubar großen Welt nicht auf perfekte Beherrschung der Materie, sondern auf den souveränen Umgang mit ihr ankommt. Wer sich aber auf dieses Abenteuer einlässt, wird schnell spüren, dass auch jenseits der ausgetretenen Wege genügend saftiges „Futter" zu finden ist. Für eine Lehrerin, die sich mit den Kindern ein wenig abseits der gewohnten Pfade tummeln will, kann das eine realistische Perspektive sein.

Die behandelten Beispiele sind zwar nicht Regelstoff der Grundschule, können aber ohne weiteres schon im Anfangsunterricht behandelt werden. Das soll insbesondere zeigen:

● **Mathematik kann schon zu Beginn mehr sein als das Einüben eindeutiger (langweiliger) Begriffe und Techniken.**
● **Ganz elementare Mathematik kann auch für die Lehrerin noch interessant sein und Entdeckenswertes enthalten.**
● **Ideen für interessanten Unterricht entstehen häufig erst dadurch, dass die Lehrerin selbst im Lernstoff Interessantes entdeckt (oder dass sie sich noch daran erinnern kann, wie sie es entdeckt hat).**

1.2 Die geometrische Struktur von Zahlen

Schon sehr kleine Anzahlen von (gleichartigen) Objekten lassen sich auf sehr viele verschiedene Weisen anordnen, sobald man die übliche Festlegung auf standardisierte Ordnungen (immer 10 in einer Reihe) fallen lässt. Wenn die anzuordnenden Objekte von einfacher Form (und kongruent) sind, ergeben sich auch interessante Zusammenhänge zwischen geometrischen und arithmetischen Vorstellungen.

Beispiel: Die Zahl **15**

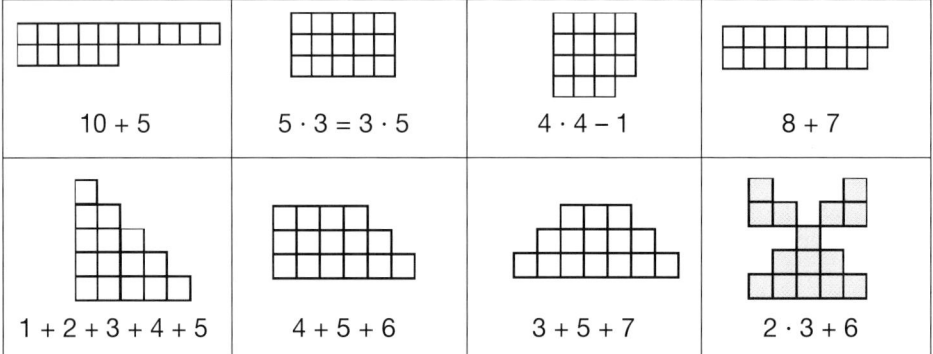

10 + 5	5 · 3 = 3 · 5	4 · 4 − 1	8 + 7
1 + 2 + 3 + 4 + 5	4 + 5 + 6	3 + 5 + 7	2 · 3 + 6

Die angegebenen Beispiele zeigen nur einen kleinen Ausschnitt aus der (unendlichen) Menge von Möglichkeiten, wie 15 quadratische Plättchen angeordnet werden können. Auch wenn Plättchen so gelegt werden müssen, dass die Anordnung genau wiedergegeben werden kann, gibt es noch einen fast unüberschaubaren Spielraum, weil nur die Möglichkeiten für das Aneinanderfügen benachbarter Plättchen eingeschränkt sind. Erst wenn die Figuren aus dem Gedächtnis gut rekonstruierbar sein sollen, lohnt es sich wirklich, sich auf die Aufgabe einzulassen und sich für die dabei produzierten Ergebnisse zu interessieren. Eine Zahlfiguration kann gut beschrieben bzw. eingeprägt werden, wenn sie als Ganzes figürliche Assoziationen weckt (Haus, Männchen, Treppe, Symmetrie ...) oder wenn ihre Teile in einem einfachen Zusammenhang stehen: wenn sie deckungsgleich sind, gleich viele Plättchen enthalten, wenn die Plättchenzahl nach einer einfachen Regel wächst usw. Zunächst steht selbstverständlich die ganzheitliche, figürliche Wirkung im Vordergrund, aber schon bald wird die Beschreibung der Teile einer Figur über die Anzahl der jeweils benötigten Plättchen immer wichtiger.

> Jede **geometrisch strukturierte Darstellung** einer Menge (von Objekten) veranschaulicht (mindestens) eine **arithmetische Strukturierung** der zugehörigen Zahl.

Dieser Zusammenhang zwischen geometrischen Formen und Zahlen (Formzahlaspekt, s. auch Kap. 9.4) erschließt sich nur dem, der die Geduld für Legeübungen aufbringt, die zunächst ganz simpel – fast unterfordernd – wirken, die aber schon bald auch dem mathematisch gebildeten Erwachsenen eine ganze Welt neuer mathematischer Erfahrungen eröffnen. Man braucht dazu auch genügend kongruente Legeplättchen von einfacher Form. Wer keinen direkten Zugriff auf solche Materialien hat, kann sich leicht selbst behelfen: Münzen einer Sorte sind gut geeignet; Quadrate kann man leicht aus Karton ausschneiden. Etwas aufwendiger sind gleichseitige Dreiecke herzustellen (wer sich die Mühe gemacht hat, kann aber auch feststellen, dass sie sich gelohnt hat).

Übungen

1. *Nehmen Sie 5 (6, 7, ..., 10, ..., 20) Plättchen einer Sorte und legen Sie sie zu Figuren zusammen, die leicht nachzubauen sind (Beispiele s. o.). Zeichnen Sie sich die Figuren auf, die Ihnen aus irgendeinem Grund bemerkenswert erscheinen.*

2. *Nehmen Sie jetzt eine andere Plättchensorte und wiederholen Sie Aufgabe 1! Vergleichen Sie die Figuren, die Sie sich aufgezeichnet haben, miteinander. Gibt es auffällige Übereinstimmungen zwischen Figuren der beiden Sorten?*

3. *Schreiben Sie zu jeder Ihrer Figuren auf, wie Sie sich die gelegte Anzahl gut einprägen können! Meist werden Sie vermutlich (wie in den Beispielen oben) eine Ihrer Figur angepasste Zahlzerlegung wählen, mit der die gelegte Zahl in Zusammenhang mit anderen Zahlen gebracht wird.*

4. *Versuchen Sie, sich bei jeder der gelegten Zahlen für eine „Standardfigur" zu entscheiden, die Ihnen besonders einprägsam erscheint und deshalb als anschauliches Symbol für die Zahl gewählt werden kann.*

Im ersten Schuljahr, in dem üblicherweise der Zahlenraum bis 20 durch vielfältige Übungen vertraut gemacht werden soll, können solche Zerlegungsübungen Anregung für vielfältige Eigenaktivitäten der Schüler sein, die den einzelnen Zahlen einen variablen Anschauungshintergrund verschaffen. Gleichzeitig können die Schüler so Vorstellungen entwickeln, die auch für das Verständnis arithmetischer Regeln wichtig sind. So zeigt das Beispiel oben Spezialfälle für wichtige arithmetische Gesetze:

$$3 \cdot 5 = 5 \cdot 3 \text{ (Kommutativgesetz)}$$
$$5 \cdot 3 = 4 \cdot 4 - 1 \text{ (Binomische Formel)}$$

Keine Frage: Diese Gesetze werden im ersten Schuljahr nicht thematisiert. Aber es ist eine fundamentale mathematische Einsicht, dass man eine Zahl auf sehr verschiedene Weisen schreiben kann und dass nicht jede Schreibweise in jeder Situation gleich vernünftig ist. Wer das Spielen mit Zahlschreibweisen nicht schon früh als sinnvolle mathematische Aktivität akzeptiert, wird sich später beim Umgehen mit Termen und Gleichungen sehr schwer tun! Ein äußerst lästiges Hindernis für das Erkennen und Ausnutzen von Zahlbeziehungen ist auch die übliche Fixierung auf die lineare Reihung der natürlichen Zahlen. Dabei zeigen schon die einzigen allgemein gebräuchlichen Zahlbilder, dass der Platz in der Zahlwortreihe schon bald kein sehr brauchbares Charakteristikum für Zahlen mehr ist:

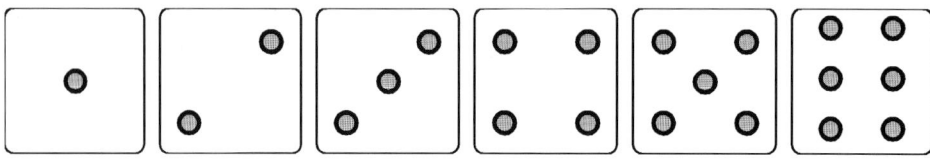

Die Augenzahlen auf Spielwürfeln nutzen schon bei sehr kleinen Zahlen verschiedene Zahlbeziehungen aus, die anschaulich gut interpretierbar sind:

– Die Augenzahl „2" entsteht durch Verdoppelung der „1", quasi durch „Zellteilung".
– Die Augenzahl „3" entsteht durch Hinzufügen einer „Mitte" zu 2 „Polen".
– Die Augenzahl „4" entsteht durch Verdoppelung der „2": Drehung bzw. Spiegelung.
– Die Augenzahl „5" entsteht – wie „3" – durch Hinzufügen einer „Mitte" zu 4 „Ecken".
– Die Augenzahl „6" ist ganz neu – sie besteht aus 2 Dreier- oder 3 Zweiergruppen.

Das Erfinden neuer Augenzahlen ist eine sehr interessante Übung! Zwar ist im Bereich bis 6 die Fantasie durch die bekannten Vorgaben sehr eingeschränkt, aber im Bereich darüber kann sich die Kreativität durchaus bei der Aufgabe bewähren, etwa 8 „Augen" gut verteilt auf einem Quadrat unterzubringen. Noch interessanter wird die Aufgabe, wenn ein anderer regelmäßiger Körper als Spielwürfel (im Sinne von Zufallsgenerator) benutzt wird: Auf dem Oktaeder mit seinen 8 gleichseitigen Dreiecken oder auf dem Dodekaeder mit seinen 12 regelmäßigen Fünfecksflächen müssen die Augenzahlen zwangsläufig anders aussehen als auf dem gewohnten Würfel! Die Baupläne für den Oktaeder- und den Dodekaeder-Würfel im Anhang (Anlage 1) können von den Schülern selbst mit Augenzahlen versehen und zu Spielwürfeln zusammengeklebt werden. Bei häufigerem Gebrauch dieser selbst hergestellten Spielwürfel prägen sich einige ungewöhnliche Zahlbilder und die durch sie veranschaulichten Zahlzerlegungen von allein ein.
Wenn im Anfangsunterricht die Orientierung in der Zahlwortreihe durch die Beschäftigung mit Zahlbildern ergänzt wird, können die Kinder schon in einem sehr kleinen, gut überschaubaren Zahlenraum auf die Vielfalt der arithmetischen Beziehungen aufmerksam werden. In der Unterrichtspraxis wirkt sich das vorteilhaft aus, weil die Offenheit der Lernsituation jedem Schüler selbstständige Lernhandlungen und eigene arithmetische Einsichten möglich macht.

1.3 Geometrische Zahleigenschaften

Offensichtlichstes Ergebnis der Produktion von Zahlbildern ist eine Sammlung von verschiedenen geometrisch-anschaulichen Interpretationsmöglichkeiten einzelner Zahlen: Jede Zahl kann auf sehr verschiedene Weisen eingeprägt werden! Fast ebenso offenkundig ist umgekehrt ein spezieller Veranschaulichungs-„Typ" nicht auf alle Zahlen gleichermaßen anwendbar; einzelne Typen tauchen aber immer wieder bei ganz verschiedenen Zahlen auf und begründen so eine geometrische Verwandtschaft zwischen Zahlen und damit eine Eigenschaft von Zahlen, die immer wieder auch im Begriff, der diese Eigenschaft bezeichnet, zum Ausdruck kommt. Bekannt ist das erste Beispiel:

a) **Quadratzahlen** entstehen beim Vergrößern einer quadratischen Figur durch „Anbauen".

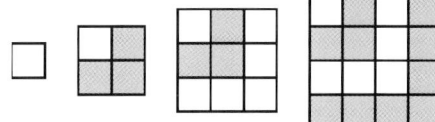

Auch bei anderen Grundfiguren findet man häufig die Quadratzahlen, aber fast immer in anderem äußerem Gewand:

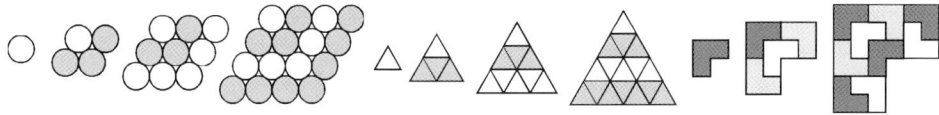

Der Begriff „Quadratzahl" ist demnach keineswegs selbstverständlich, auch „Rautenzahl" oder „Dreieckszahl" (und andere) wären möglich. In der Form quadratischer Anordnungen begegnet uns dieser Zahltyp allerdings am häufigsten (s. auch Kap. 5). Die größere theoretische Bedeutung hat allerdings die Entdeckung, dass beim vergrößerten Bauen von Dreiecken ebenfalls immer Quadratzahlen benötigt werden. Quadratzahlen sind deshalb *universelle „Vergrößerungsfaktoren"*: Welche Figur auch immer maßstäblich vergrößert oder verkleinert wird, ihr Inhalt wird jeweils mit dem Quadrat des Abbildungsmaßstabes verändert. Beim vergrößerten Bauen von Figuren stellen sich so fast automatisch immer wieder Quadratzahlen ein. Die Quadratzahlen sind die bekanntesten Vertreter der so genannten **figurierten Zahlen**, die in der klassischen griechischen Mathematik eine Quelle der Inspiration waren.

b) Auch die **Dreieckszahlen** zählen zu den figurierten Zahlen. Ihr Name erklärt sich durch die dreieckige Anordnung von Kreisen (links); sie treten aber häufiger in treppenförmigen Strukturen auf (rechts).

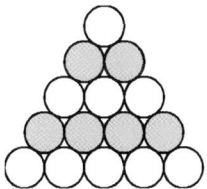 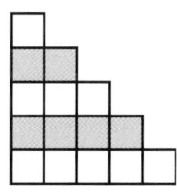

Interessant ist der „Trick", mit dem man eine Treppe in ein Rechteck überführt und dadurch eine langwierige Addition durch eine einfache Multiplikation ersetzt:

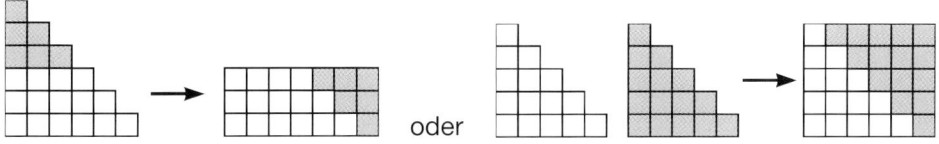

oder

13

Die Umformung einer Treppe in ein Rechteck klappt natürlich nur bei gerader Treppenzahl, die Kombination von zwei Treppen zu einem Rechteck dagegen immer.

c) Die **Vielfachen** einer Zahl haben ebenfalls eine einfache geometrische Deutung: Mehrere Streifen gleicher Länge geben ein rechteckiges Feld. Rechtecksfelder gleicher Breite gehören zu den Vielfachen der Grundzahl. Dieser Zahlbildtyp ist nicht nur Anlass für interessante Rechenübungen, sondern er vermittelt eine wichtige Grundvorstellung von der Multiplikation, die an vielen Stellen äußerst hilfreich ist (s. Kap. 4 und 5). Auch in späteren Schuljahren kann davon noch Gebrauch gemacht werden.

Als Umkehrung zur Produktion von Vielfachen durch Legen von rechteckigen Anordnungen lässt sich fragen, welche Anzahlen von Plättchen sich in einer rechteckigen Struktur anordnen lassen – und wie viele verschiedene Möglichkeiten es dafür jeweils gibt. Bei dieser Aufgabe stößt man u. a. auf die Primzahlen.

d) Die **Primzahlen** lassen sich nur in einer Linie (als „entartetes Rechteck") darstellen.

Die angegebenen Beispiele zeigen nur einen kleinen Ausschnitt aus der Welt der geometrisch veranschaulichten Zahlbegriffe. Dieser Bereich stellt ein ausgezeichnetes Übungsfeld für Schüler wie auch für Erwachsene dar, weil es durch ganz einfache konkrete Tätigkeiten zu Aufgabenstellungen führt, die einerseits durch simples Abzählen bearbeitet werden können, andererseits immer beliebig verallgemeinerbar sind und weil es die für alle am Mathematikunterricht Beteiligten äußerst wichtige Verbindung von Rechenhandlungen mit anschaulichen Vorstellungen fördert.

Übungen

5. *Um einen Kreis (eine Münze) können exakt 6 kongruente Kreise (gleich große Münzen) angelegt werden (warum?). Legen Sie weiter rundherum an und notieren Sie die Anzahlen von Kreisen, die Sie für jeden neuen „Rand" brauchen. Welche Form nimmt die Figur zunehmend an? Welche Gesamtzahlen von Kreisen gehören zu verschiedenen Vertretern dieser Form? Können Sie eine Formel angeben?*

6. *Auch räumliches Bauen (das allerdings in vielen Fällen schwerer konkret durchführbar ist) führt zu Zahlbegriffen. So kann man aus Kugeln Pyramiden verschiedener Form schichten; das Bild rechts zeigt die Draufsicht auf eine Dreieckspyramide.*

1.4 Induktives Schließen im Mathematikunterricht

Die angesprochenen Beziehungen zwischen Zahlen und Formen können schon wegen ihrer großen Vielfalt kein verbindlicher Lerninhalt für den Mathematikunterricht sein. Sie sind vielmehr eine Quelle für interessante Rechenübungen, die auch sehr individuell dem unterschiedlich ausgeprägten Forscherdrang der Kinder entgegenkommen. Alle Übungen enthalten aber im Kern die Möglichkeit der Fortsetzung (durch Weiterbauen) in den Bereich immer größerer Zahlen hinein. Prinzipiell sind sie beliebig fortsetzbar; sie stoßen nur durch die Endlichkeit des vorhandenen Materials und Platzes an ihre Grenzen. Gedanklich können sie natürlich auch über diese Grenzen hinaus fortgesetzt werden! Das ist der **Grundansatz der Mathematik, die Möglichkeiten des Denkens über die Grenzen der konkreten Erfahrung hinaus auszuloten.** Und weiter fragt die Mathematik immer, ob die im begrenzten Bereich der konkreten Erfahrungen beobachteten Auffälligkeiten auf Zufall beruhen oder ob sie in allen denkbaren Fällen zutreffen, ob sie **allgemein gültig** sind, ob es sich um **Regeln** handelt.

1. Beispiel: Eine Formel für Dreiecks- oder Treppenzahlen

Weil zwei Treppen immer zu einem Rechteck kombiniert werden können, gibt es eine Formel, die das mühsame Aufsummieren in einer längeren Reihe der natürlichen Zahlen erspart. Das Bild oben (in 1.3.b) zeigt das Beispiel

$$2 \cdot (1 + 2 + 3 + 4 + 5) = 5 \cdot 6$$

weshalb die Summe auch durch eine Multiplikation bestimmt werden kann:

$$1 + 2 + 3 + 4 + 5 = (5 \cdot 6) : 2 = 15$$

Je länger die Reihe wird, desto auffälliger wird der Vorteil der Multiplikation! Nach einer oft erzählten Anekdote soll ja der kleine Gauß seinen Lehrer dadurch geärgert haben, dass er die beabsichtigte Beschäftigungstherapie durch die Reihe der ersten 100 natürlichen Zahlen $(1 + ... + 100 = ?)$ verhindert habe, indem er gleich das entsprechende Produkt bildete:

$$1 + 2 + ... + 100 = (100 \cdot 101) : 2 = 50 \cdot 101 = 5050.$$

Im Falle der „Gauß'schen Summe" ist offensichtlich, dass das eine Beispiel genügt, um die Allgemeingültigkeit zu beweisen (d. h. jeden möglichen Zweifel zu beseitigen). Denn die Kombination zweier Treppen zu einem Rechteck kann (gedanklich) für jeden beliebigen Fall völlig analog durchgeführt werden. In der Praxis wird man sich natürlich nicht auf das eine Beispiel beschränken, sondern die Einsicht durch Übertragung auf einige weitere Beispiele fördern. Wichtig ist die Auswahl besonders „typischer" Beispiele: Sie dürfen nicht zu komplex sein, vor allem aber auch nicht zu trivial (Treppe mit einer Stufe!), weil man sonst das Wesentliche gar nicht sieht.

2. Beispiel: **Quadratzahlen** als Reihe der ungeraden Zahlen

Die Quadratzahlen sind genau die Summen der ersten ungeraden natürlichen Zahlen:

$$1^2 = 1; \quad 2^2 = 1 + 3; \quad 3^2 = 1 + 3 + 5; \quad 4^2 = 1 + 3 + 5 + 7; \quad \ldots$$

In diesem Fall kann man nicht – oder nicht ganz leicht – in gleicher Weise von wenigen Beispielen aus verallgemeinern. Denn auf die Quadratzahlen stößt man zunächst – wie der Name sagt – beim Auslegen von Quadraten, während die Reihe der ungeraden Zahlen etwa beim Weiterbauen von Dreiecken auffällt.

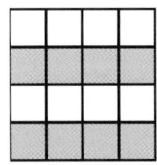

$4 + 4 + 4 + 4 = 4 \cdot 4$

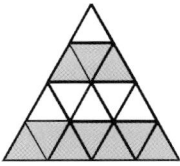

$1 + 3 + 5 + 7$

Erst eine keineswegs selbstverständliche Umdeutung der Zerlegung des Quadrates (s. 1.3.a) zeigt, dass in beiden Fällen die gleiche Anzahl von Plättchen benutzt wurde.

Auch ohne diesen „Trick" kann man durch konkrete Erfahrungen die Überzeugung gewinnen, dass die vermutete Regel allgemein gültig ist. Eine wichtige Argumentationshilfe ist dabei die systematische Erweiterung des Beispielbereiches, in dem man sicher ist, dass die Regel gilt! Im Zentrum der Betrachtung stehen dabei weniger die einzelnen Beispiele als vielmehr die Übertragung von einem Beispiel auf ein „benachbartes": Sowie klar ist, dass diese Übertragung nicht nur in diesem einen Fall klappt, ist die Allgemeingültigkeit fast schon bewiesen.

Im Beispiel ist die Regel für 4 Beispiele schon überprüft, aber damit ist sie noch lange nicht „bewiesen"! Es fehlt noch die Sicherheit, dass man irgendwann damit aufhören kann, immer neue Beispiele zu überprüfen (nicht, weil man keine Lust mehr hat, sondern weil man sicher ist, dass es nicht notwendig ist). Diese Sicherheit gewinnt man durch die gesicherte Erkenntnis, dass die Wahrheit der Regel von jedem Beispiel auf das nächste übertragen wird!

Sowohl beim Quadrat wie beim Dreieck kann man sehen, dass der Unterschied von einer Quadratzahl zur nächsten immer eine ungerade Zahl ist, und zwar genau die ungerade Zahl, die bei der Fortsetzung der Reihe der ungeraden Zahlen „dran" ist.

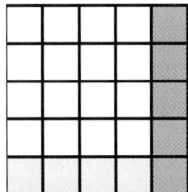

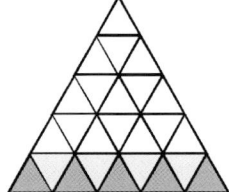

In beiden Fällen kommen 4 + 5 neue Plättchen dazu – und es ist sicher, dass bei der nächsten Etage in beiden Fällen 5 + 6 Plättchen dazukommen – usw.! Das Prinzip der Ergänzung setzt sich auf beiden Seiten in gleicher Weise fort; folglich müssen auf beiden Seiten genau die gleichen Folgen von Plättchenzahlen entstehen, so lange das Spiel auch fortgesetzt wird.

Diese Form des logischen Schließens nennt man induktiv. Dabei geht man in der Regel – im Gegensatz zum Argumentieren mit typischen Beispielen (s. o.) – von möglichst einfachen Beispielen aus. Entscheidend ist nicht die Anzahl der konkret behandelten Beispiele, sondern die Erweiterung des Beispielvorrates durch Schließen von den bekannten Beispielen auf benachbarte.

3. Beispiel: **Permutationen**

Die 3 Buchstaben a, b und c lassen sich auf genau 6 verschiedene Weisen hintereinander anordnen: abc acb bac bca cab cba
Leichter ist es für 2 Buchstaben a und b. Es gibt 2 Möglichkeiten: ab ba
Ganz simpel – eigentlich gar keine Aufgabe – ist die Feststellung, dass der einzelne Buchstabe a nur auf genau eine Weise angeordnet werden kann.

Soweit alles klar – aber wie geht es weiter? Es scheint kaum vorstellbar, für 10, 100 oder noch mehr Buchstaben (oder beliebige andere Objekte) alle möglichen Reihenfolgen anzugeben. Auf ganz systematische Weise kann man aber von der bekannten Lösung bei 3 Objekten auf die bei 4 Objekten schließen.

In jede der Anordnungen für a, b und c wird der weitere Buchstabe d auf alle möglichen Weisen eingebaut:

Aus abc wird	**d**abc	a**d**bc	ab**d**c	abc**d**
Aus acb wird	**d**acb	a**d**cb	ac**d**b	acb**d**
Aus bac wird	**d**bac	b**d**ac	ba**d**c	bac**d**
Aus bca wird	**d**bca	b**d**ca	bc**d**a	bca**d**
Aus cab wird	**d**cab	c**d**ab	ca**d**b	cab**d**
Aus cba wird	**d**cba	c**d**ba	cb**d**a	cba**d**

Insgesamt wird also die Anzahl der Anordnungen vervierfacht. Bei der Fortsetzung auf 5 Buchstaben bekommt man dann aus genau dem gleichen Grund 5-mal so viele Anordnungen wie zuvor usw.!

Eine Formel für die Anzahl der Permutationen (Anordnungen) erhält man durch eine übersichtliche Darstellung der Ergebnisse:

Anzahl Objekte	Anzahl Permutationen
1	1
2	2
3	$6 = 2 \cdot 3$
4	$24 = 6 \cdot 4 = 2 \cdot 3 \cdot 4$
5	$120 = 24 \cdot 5 = 2 \cdot 3 \cdot 4 \cdot 5$
n	$2 \cdot 3 \cdot 4 \cdot 5 \cdot \ldots \cdot n$

Das Produkt $2 \cdot 3 \cdot 4 \cdot 5 \cdot ... \cdot n$ (oder auch $1 \cdot 2 \cdot 3 \cdot 4 \cdot 5 \cdot ... \cdot n$) schreibt man kurz $n!$ und spricht „n Fakultät".

Ergebnis: n verschiedene Objekte lassen sich genau auf $n!$ ($= 1 \cdot 2 \cdot 3 \cdot ... \cdot n$) verschiedene Arten in einer Reihe anordnen.

Durch **induktives Schließen** wird das „Netz" der Erfahrungen, durch die eine Regel bestätigt wird, so dicht, dass an der Allgemeingültigkeit der Regel kein vernünftiger Zweifel mehr besteht, weil es zumindest prinzipiell möglich ist, jedes beliebige Beispiel von schon überprüften Beispielen aus zu erreichen (und dabei die schon durchgeführte Begründung zu übertragen).

Induktives Schließen geht nicht immer von den einfachsten Beispielen aus. Man kann auch an einer beliebigen Stelle „einsteigen" und dann so weiterschließen, dass man sicher ist, den gesamten Bereich der fraglichen Beispiele erreichen zu können.

4. Beispiel: Ein **„Siebener-Trick"**

Die folgende Regel liefert immer Siebener-Zahlen:
- Wähle eine beliebige zweistellige Zahl aus (etwa 47).
- Multipliziere die Zehnerziffer mit 3 und addiere die Einerziffer ($3 \cdot 4 + 7 = 19$).
- Ziehe das Ergebnis von der gewählten Zahl ab. Das Ergebnis ($47 - 19 = 28$) ist eine Siebener-Zahl!

Zunächst untersuchen wir die direkte Umgebung der Beispielzahl 47:
$$46 - (3 \cdot 4 + 6) = 28$$
$$48 - (3 \cdot 4 + 8) = 28$$
Offenkundig bekommt man bei jeder Vierziger-Zahl als Ergebnis 28 ($= 4 \cdot 7$), denn genau die Einerziffer wird ja wieder abgezogen!

Weil innerhalb eines Zehners offenbar immer das gleiche Ergebnis produziert wird, muss man jetzt noch die Auswirkung eines Zehner-Sprunges erkunden:
$$36 - (3 \cdot 3 + 6) = 21$$
$$46 - (3 \cdot 4 + 6) = 28$$
$$56 - (3 \cdot 5 + 6) = 35$$
Das bedeutet: Wenn die untersuchte Zahl um 10 größer wird, wächst der Subtrahend um 3 und die Differenz deshalb um 7 – aus einer Siebener-Zahl wird wieder eine Siebener-Zahl!

Übung

7. Zeigen Sie, dass die Differenz aus einer Zahl und ihrer Quersumme immer eine Neuner-Zahl sein muss!

Hinweis:

Induktives Schließen ist nicht Lerninhalt des Mathematikunterrichts, sollte aber durch regelmäßige Anwendung zum *mathematischen Repertoire* von Lehrerin und Schülern gehören: Praktisch jede mathematische Aufgabe bekommt mehr „Leben", wenn sie mit ihren „Nachbarn" verglichen wird! Zum induktiven Erschließen gehören Fragen wie

- **Was ändert sich, wenn ich die Nachbaraufgabe rechne?**
- **Was bleibt gleich?**
- **Was passiert, wenn eine Aufgabe immer wieder auf dieselbe Weise verändert wird?**

(Siehe dazu auch Kap. 6: **Operatives Üben**.)

1.5 Was sind die natürlichen Zahlen?

Der Vorgang des induktiven Schließens beruht auf einer fast selbstverständlichen Vorstellung über das Wesen der natürlichen Zahlen. Sie lässt sich etwa so beschreiben:

- **Die natürlichen Zahlen haben einen *Anfang* (die Zahl 1).**
- **Zu jeder natürlichen Zahl gibt es einen eindeutigen *Nachfolger*: zu 1 die 2, zu 2 die 3 ...**
- **Durch sukzessive Nachfolgerbildung von 1 aus erreicht man alle natürlichen Zahlen.**

Die natürlichen Zahlen sind demnach wie auf einer offenen Perlenkette aufgefädelt:

– oder auch nicht! Denn die obige „selbstverständliche" Vorstellung ist auch mit unterschiedlich zusammengeknüpften endlichen Zahlenketten verträglich:

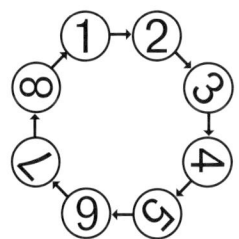

Diese Möglichkeit ist eigentlich schon durch den Begriff „Anfang" (bei 1) ausgeschlossen; ganz sicher durch die Forderung:

- **1 ist nicht Nachfolger einer Zahl.**

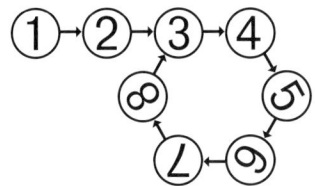

Solche „Schleifen" kann man durch die folgende zusätzliche Forderung ausschließen:

- **Verschiedene Zahlen haben verschiedene Nachfolger.**

Mit diesen Forderungen sind die wesentlichen Eigenschaften der natürlichen Zahlen auf „vernünftige" Weise beschrieben: Sie sind **keine beweisbaren Feststellungen**, sondern die für eine Theorie der natürlichen Zahlen absolut notwendigen **Grundannahmen**. Keine von ihnen kann man weglassen, aber es ist auch nicht notwendig, noch weitere hinzuzufügen. Solche Forderungen, die wichtige Einsichten in das Wesen einer Theorie beschreiben, nennt man ***Axiome***.

Die hier (in nicht ganz „exakter" Sprechweise) angegebenen Axiome für die natürlichen Zahlen stammen von **G. Peano** (1889). Es ist eine noch recht junge Erkenntnis, dass es auch in der Mathematik kein absolut sicheres Wissen geben kann! Mathematische Aussagen sind immer nur „lokal wahr" – im Rahmen einer Theorie. Eine Theorie entsteht dadurch, dass bestimmte vernünftig erscheinende Grundannahmen – eben die Axiome – als wahr gesetzt werden. Alle daraus durch logische Schlüsse gefolgerten Aussagen sind dann im Rahmen der Theorie wahr. Auch die Axiome für die natürlichen Zahlen sind keineswegs vollkommen „natürlich": Zwei von ihnen mussten oben etwas künstlich konstruiert werden. Und zusammen enthalten sie eine ausgesprochen kühne Feststellung:

> **Obwohl wir immer nur endlich viele Zahlen erfassen können, sind wir sicher (Axiom!), dass es unendlich viele gibt.**

Diese *Diskrepanz zwischen der endlichen Welt unserer Erfahrungen und der unendlichen Welt unserer Gedanken* ist das grundlegende Problem, aber auch der Reiz (das „Geheimnis") der Mathematik. Die Auseinandersetzung damit ist deshalb auch für Grundschullehrerinnen wichtig: Es ist ihre Aufgabe, die Kinder mit endlichen Schritten in die unendliche Welt der Zahlen einzuführen. Die Kinder selbst spüren häufig den unauflösbaren Widerspruch, auf den sie sich mit dem Zählen einlassen: Sie geben auch Zahlen, die sie mit ihrer Zählerfahrung noch nicht erfassen können, einen Namen (häufig „Tausend") und schrecken auch vor dem Begriff „unendlich" nicht zurück, wenn sie deutlich machen wollen, dass sich ein Abzählen nicht lohnt.

1.6 Die vollständige Induktion als Beweismittel der Mathematik

Mit induktivem Schließen kann man Aussagen über alle natürlichen Zahlen begründen, obwohl man sie nie für alle Fälle überprüfen kann! Bei den Beispielen in 1.4 wurde der Vorrat an natürlichen Zahlen, für die die Aussagen konkret überprüft sind, so lange erweitert, bis klar war, dass der Vorgang der Erweiterung nie enden kann: Denn die Übertragung von einem Beispiel auf das jeweils folgende wurde als richtig erkannt – und als unabhängig von dem gewählten Beispiel.

Es ist subjektiv verschieden, wie lange der „Sicherheitsvorrat" systematisch fortgesetzt werden muss, bis die Erweiterbarkeit als selbstverständlich richtig erkannt ist, weil man sie für ein beliebiges Beispiel formulieren kann. Der Beweis für die Aussage ist erbracht, sowie die Aussage verallgemeinert werden kann.

Beispiel:
Aus n verschiedenen Objekten können genau 2^n verschiedene Teilmengen ausgewählt werden (wobei die leere Menge und die ganze Menge als Teilmengen mitgezählt werden).

Überprüfung für $n = 1$:
  Die Menge {a} mit einem Element hat genau $2 = 2^1$ Teilmengen: Die leere und die ganze Menge.

Überprüfung für $n = 2$:
  Die Menge {a, b} hat genau $4 = 2^2$ Teilmengen: { }, {a}, {b} und {a, b}.

Überprüfung für $n = 3$:
  Die Menge {a, b, c} hat genau 2^3 Teilmengen: { }, {a}, {b}, {c}, {a, b}, {a, c}, {b, c}, {a, b, c}.

Bei größeren Mengen wird es immer schwieriger, alle Teilmengen systematisch aufzuschreiben und sie korrekt abzuzählen. Praktischer ist es, die Systematik der gerade behandelten Menge zu benutzen!

Überprüfung für $n = 4$:
  Die Menge {a, b, c, d} enthält auf jeden Fall alle 8 Teilmengen der Menge {a, b, c}:   { }, {a}, {b}, {c}, {a, b}, {a, c}, {b, c}, {a, b, c}.
  Darüber hinaus bekommt man alle Teilmengen, die das zusätzliche Element (d) enthalten, indem man d zu jeder von den 8 Teilmengen „ohne d" hinzufügt: {d}, {a, d}, {b, d}, {c, d}, {a, b, d}, {a, c, d}, {b, c, d}, {a, b, c, d}.
  Insgesamt hat die Menge {a, b, c, d} also genau doppelt so viele Teilmengen wie die Menge {a, b, c} – also $16 = 2 \cdot 8 = 2 \cdot 2^3 = 2^4$.

Dieser Schluss lässt sich aber jetzt immer weiter auf immer die gleiche Weise fortsetzen:
  Die Menge $\{a_1, a_2, ..., a_n, a_{n+1}\}$ enthält auf jeden Fall alle Teilmengen von $\{a_1, a_2, ..., a_n\}$ – und darüber hinaus alle Teilmengen, die das zusätzliche Element a_{n+1} enthalten.
  Man bekommt sie, indem man das zusätzliche a_{n+1} in alle Teilmengen „ohne a_{n+1}" einfügt.
  Insgesamt hat sich die Anzahl der Teilmengen exakt verdoppelt:
  Wenn die Menge $\{a_1, a_2, ..., a_n\}$ 2^n Teilmengen hat,
  dann besitzt die Menge $\{a_1, a_2, ..., a_n, a_{n+1}\}$ genau $2 \cdot 2^n = 2^{n+1}$ Teilmengen.

Die Sicherheit, dass die Aussage korrekt ist, lässt sich also immer weiter von jeder Anzahl von Elementen einer Menge auf die nächste Anzahl übertragen – sie muss für alle natürlichen Zahlen gelten. Diese Überzeugung formuliert das

> **Induktionsaxiom:**
> Durch sukzessive Nachfolgerbildung von 1 aus (also durch Zählen) erreicht man alle natürlichen Zahlen.

Es besagt, dass von allen Schritten des eben geführten Beweises nur zwei wirklich notwendig sind:

- der erste, der die Aussage für die erste natürliche Zahl überprüft, und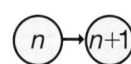
- der letzte, die Verallgemeinerung des Schlusses von einer natürlichen Zahl auf die nächste.

Zusammen zeigen sie, dass die ganze Kette der natürlichen Zahlen erfasst wird:

Diese formale Verkürzung des induktiven Schließens auf die *unbedingt notwendigen Schritte* ergibt das

> **Beweisverfahren der vollständigen Induktion:**
> 1. **Induktionsanfang:** Die Aussage wird überprüft für die erste (bei dem Problem interessierende) natürliche Zahl (in der Regel für $n = 1$).
> 2. **Induktionsschluss:** Man beweist den Schluss von einer beliebigen Zahl n auf den Nachfolger $n + 1$: **Wenn** die Aussage richtig ist für n, **dann** auch für $n + 1$!
> 3. Wenn 1. und 2. erledigt sind, dann weiß man (aufgrund des Induktionsaxioms), dass die Aussage für alle natürlichen Zahlen richtig sein muss!

Beispiel: Aus Steckwürfeln mit 4 verschiedenen Farben kann man genau 4^n Türme mit n Stockwerken bauen.

Beweis mit vollständiger Induktion:
1. Schritt: **Induktionsanfang** (für $n = 1$)
   Kein Problem: Bei einem Stockwerk gibt es genau $4 = 4^1$ Möglichkeiten.
2. Schritt: **Induktionsschluss** (von n auf $n + 1$):
   Wenn es bei n Stockwerken genau 4^n verschiedene Türme gibt, **dann** muss es bei einem Stockwerk mehr genau 4-mal so viele Türme geben (also 4^{n+1}) – denn auf jeden Turm mit n Stockwerken lassen sich 4 verschiedene Steckwürfel in der nächsten Etage stecken.
   Von Stockwerk zu Stockwerk wird also die Anzahl der möglichen Türme 4-mal so groß!

Übliches *Missverständnis*: Es wird **nicht bewiesen**, dass die Aussage für eine beliebige Zahl n richtig ist; das wird vielmehr nur **angenommen** (als richtig **vorausgesetzt**)! Nur die *Übertragung* (wenn ... dann ...) *muss bewiesen werden*.

Für ungeübte Mathematiker sind solche Begründungen in der Regel wenig überzeugend, weil der formale Schluss von einer beliebigen Zahl auf ihren Nachfolger nur für wenige Fälle konkret nachgeprüft werden kann. Erst nach einigen Erfahrungen mit induktivem Schließen wird man der Reduzierung der Argumentation auf die vollständige Induktion vertrauen – ganz abgesehen davon, dass die Beweisidee selbst in der Regel durch induktives Schließen gefunden wird. Die vollständige Induktion ist sozusagen der formale mathematische „Kern" einer sehr konkreten Argumentationsweise: Vollständige Induktion ist selbstverständlich *kein Thema für den Grundschulunterricht* – wohl aber das induktive Schließen (das viel zu selten versucht wird).

Übungen zur vollständigen Induktion

8. *Klar ist nach dem obigen Beispiel, dass Sie aus Steckwürfeln mit n verschiedenen Farben genau n^3 dreistöckige Türme bauen können. Können Sie das auch durch vollständige Induktion begründen?*

9. *Das Ergebnis der „Gauß'schen Summe" 1 + 2 + 3 + ... + n = n · (n + 1) : 2 lässt sich etwas umständlicher als in Kapitel 1.3 auch durch vollständige Induktion begründen.*

10. *Die Zerlegung 10 = 1 + 2 + 3 + 4 weist 10 als „Dreieckszahl" aus. Aber natürlich gibt es noch viel mehr mögliche Zerlegungen der Zahl 10! Die kürzesten haben je 2 Summanden (dabei werden z. B. 4 + 6 und 6 + 4 als verschiedene Zerlegungen angesehen), die längste ist die einfachste: 1 + 1 + 1 + 1 + 1 + 1 + 1 + 1 + 1 + 1. Insgesamt gibt es 511 additive Zerlegungen der Zahl 10. Es wäre wenig erfolgversprechend, wollte man alle diese Zerlegungen aufschreiben! Sie können aber die Anzahl der Zerlegungen (nicht nur für 10!) finden, indem Sie für kleine Zahlen (2, 3, 4) alle Zerlegungen aufschreiben und dann jeweils miteinander vergleichen: Gibt es ein Schema, das aus allen Zerlegungen einer Zahl die Zerlegungen der nächsten liefert? Wenn Sie das Schema gefunden haben, dann zeigt es auch, warum die Zahl 12 genau 2047 (und die Zahl 20 genau 524287) Zerlegungen hat.*
   Hinweis: Die Überlegung wird dadurch einfacher, dass ein Zahlwort (z. B. 10) selbst auch schon als Zerlegung mit einem Summanden gilt. Die Anzahl der Zerlegungen und ihre Veränderung von einer Zahl zur nächsten lässt sich dann einfacher beschreiben.

2. Zahlaspekte

Eine Zahl kann man nicht in die Hand nehmen und man kann sie nicht anschauen: Sie ist kein konkretes Objekt, sondern ein abstrakter Begriff! Jede Zahl – selbst die Anfangszahl 1 – beschreibt eine Vielzahl verschiedenster konkreter Erfahrungen. Die Erfahrungen, die zu einer Zahl gehören, können aus ganz unterschiedlich gearteten Situationen stammen. In jeder Situation, in der eine Zahl eine Rolle spielt, erfasst man deshalb nie die Zahl selbst, sondern immer nur einen **Aspekt** (eine Erscheinungsform) der Zahl. Um einen brauchbaren Zahlbegriff zu bekommen, müssen die Schüler Erfahrungen zu unterschiedlichen Zahlaspekten machen. Das bedeutet aber nicht, dass Unterricht sich im Abhaken von Zahlaspekten erschöpfen kann. Einerseits ist jeder einzelne Zahlaspekt für sich so vielschichtig, dass er nie vollständig „gelernt" werden kann – und andererseits verschiebt sich auch im Verlauf des Ausbaus mathematischer Erfahrungen die notwendige Gewichtung: Zahlaspekte, die zu Beginn der Zahlbegriffsbildung besonders bedeutsam sind, treten bei größeren Zahlen eher zurück oder sie verschwinden ganz, während andere erst später wichtig werden.
Die Lehrerin sollte wissen, dass sie nie den Zahlbegriff vollständig behandeln, sondern immer nur einzelne Aspekte hervorheben kann – und sie sollte die Entscheidung für den jeweils ausgewählten Zahlaspekt sehr bewusst treffen.

2.1 Anzahl (Kardinalzahl)

Die Anzahl 3 bezeichnet ganz unterschiedliche Situationen: „3 Kinder", „3 Äpfel", „3 Stühle" ... Eine Anzahl (oder Kardinalzahl) ist also eine Eigenschaft von Mengen – von unendlich vielen verschiedenen Mengen. Die einzige Verbindung zwischen all diesen „Repräsentanten" einer Kardinalzahl ist eben ihre Gleichzahligkeit! Die Kardinalzahl einer Menge ist unabhängig von der *Art und Anordnung* der Elemente der jeweiligen Menge. Selbst zwischen den Objekten einer Menge muss keine innere Beziehung bestehen (auch wenn das in praktisch wichtigen Beispielen meist der Fall sein wird). So hat die ganz offenkundig konstruierte Menge {a, ♉, 👝} ebenfalls die Zahleigenschaft „3".

Eine **Kardinalzahl** ist die einzige gemeinsame Eigenschaft aller gleichzahligen Mengen. Die Gleichzahligkeit (oder **Gleichmächtigkeit**) wird durch **umkehrbar eindeutige Zuordnung** der Elemente festgestellt: Wenn zu jedem Objekt (Element) der einen Menge genau ein Objekt der anderen Menge gehört, sind die Mengen **gleichmächtig**.

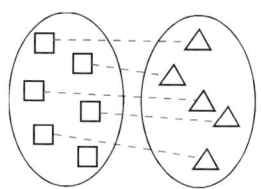

Bei kleinen Mengen, wie sie im Anfangsunterricht betrachtet werden, ist diese Form des Anzahlvergleichs nicht sehr gebräuchlich – aber es gibt durchaus Situationen, in denen die umkehrbar eindeutige Zuordnung praktisch angewendet wird.

Beispiele:
– Tassen – Untertassen, Eier – Eierbecher, Kinder – Plätze im Klassenzimmer – …
Immer findet ein Objekt aus der einen Menge auf ganz natürliche Weise genau seinen Partner aus der anderen Menge.
– Bei der „Reise nach Jerusalem" findet jedes Kind – bis auf eines – seinen Stuhl; die zunächst völlig unübersichtliche Situation beim Abbrechen der Musik ordnet sich auf diese Weise sehr schnell.

Auch bei Mengen, zwischen deren Elementen keine innere Beziehung besteht, können die Anzahlen durch Eins-zu-eins-Zuordnung verglichen werden. Die Verbindung durch Striche oder Pfeile wie oben ist allerdings oft recht künstlich und nur bei bildhaft dargestellten Mengen sinnvoll. Bei Mengen mit konkreten Objekten bietet es sich dabei eher an, die Objekte so anzuordnen, dass sie durch Augenschein verglichen werden können: entweder dadurch, dass die Anordnung der Objekte einer Menge derjenigen in der anderen Menge angepasst wird (unten links) – oder besser, indem beide Mengen in eine vergleichbare, einprägsame Ordnung gebracht werden (Formzahlaspekt – unten rechts).

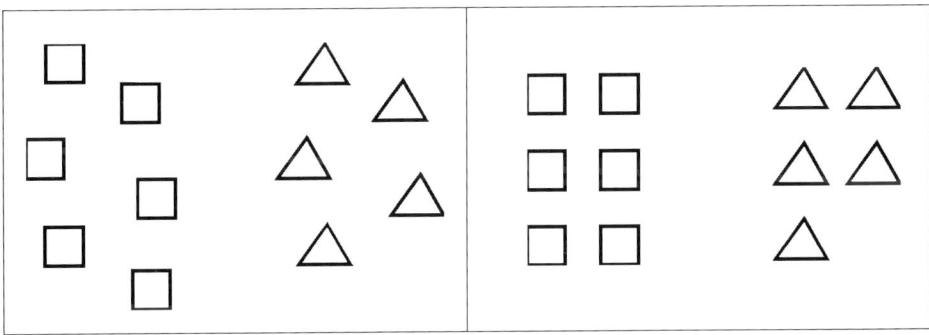

Bei Mengen, die durch Bilder gegeben sind, ist paarweises Abstreichen von Einzelobjekten ebenfalls gut geeignet, um Anzahlen zu vergleichen – und um den Unterschied deutlich zu machen.

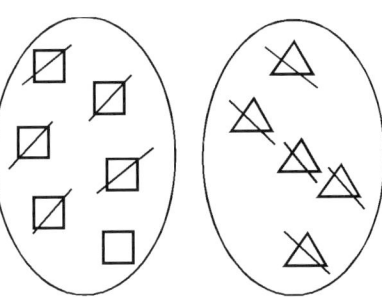

Es ist bemerkenswert, dass der mathematische Begriff der Gleichmächtigkeit nicht für die Grundlegung der Zahlvorstellung, sondern für recht fortgeschrittene Mathematik geprägt worden ist. In der **Kombinatorik** versucht man Anzahlen großer Mengen zu bestimmen durch Übertragen in andere Kontexte, in denen große Anzahlen leichter abgelesen werden können; in der **Mengenlehre** helfen umkehrbar eindeutige Zuordnungen, auch unendlichen – also durch Zählen nicht mehr erschließbaren – Mengen eine Zahleigenschaft zuzuschreiben. Beides kann hier natürlich nicht vertieft behandelt, sondern nur durch einfache Beispiele angedeutet werden.

Ein Beispiel für **kombinatorischen Anzahlvergleich**:
In Kapitel 1 wurde in Übung 10 eine „Formel" für die Anzahl der möglichen additiven Zerlegungen von natürlichen Zahlen gefunden. Diese Formel kann auch ohne vollständige Induktion gefunden werden, indem man das Problem in eine andere Beschreibung überträgt.
Die möglichen Zerlegungen der Zahl 10 etwa können durch Trennstriche zwischen 10 aufgereihten Objekten dargestellt werden:

1 + 4 + 3 + 2 ⟷ o | o ¦ o ¦ o ¦ o | o ¦ o ¦ o | o ¦ o

Zwischen den 10 Objekten gibt es genau 9 „Trennstellen", die jeweils entweder durch einen Trennstrich belegt werden können oder nicht. Zu jeder Zerlegung von 10 gehört deshalb eine Folge von 9 Trenn-Entscheidungen mit jeweils den beiden Möglichkeiten, einen Trennstrich zu setzen oder nicht.

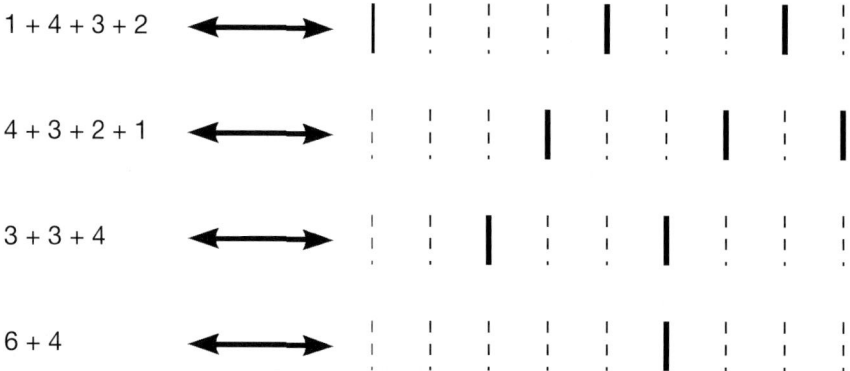

1 + 4 + 3 + 2 ⟷ | ¦ ¦ ¦ | ¦ ¦ ¦ | ¦

4 + 3 + 2 + 1 ⟷ ¦ ¦ ¦ | ¦ ¦ ¦ | ¦ |

3 + 3 + 4 ⟷ ¦ ¦ | ¦ ¦ | ¦ ¦ ¦

6 + 4 ⟷ ¦ ¦ ¦ ¦ ¦ | ¦ ¦ ¦

Für 9 Ja-nein-Entscheidungen nacheinander gibt es aber $2 \cdot 2 \cdot 2 \cdot 2 \cdot 2 \cdot 2 \cdot 2 \cdot 2 \cdot 2 = 2^9$ Möglichkeiten – ebenso viele (512), wie es additive Zerlegungen der Zahl 10 gibt. Dabei wird wieder der Sonderfall der unechten Zerlegung mit einem Summanden mitgezählt. Die entsprechende Folge der Trenn-Entscheidungen (immer „nein") fügt keinen Trennstrich ein.

Übungen

1. Zeigen Sie, dass es genau 9 zweistellige, 90 dreistellige und ebenfalls 90 vier-stellige „Palindrome" gibt. Palindrome sind Zahlen, die von links wie von rechts gelesen den gleichen Wert haben (z. B. 282 oder 4114).

2. Für die Bestimmung der Anzahl der kürzesten Wege durch ein Quadratgitter wie rechts ist es günstig, die Aufgabe in einen anderen Zusammenhang zu übertragen. Jeder Weg kann durch eine Folge aus den Ziffern 0 und 1 codiert werden, wenn man für jedes waagerechte Wegstück „1" und für jedes senkrechte Wegstück „0" notiert. Codieren Sie so einige Wege: Welche gemeinsame Eigenschaft haben die Ziffernfolgen? Sie können jede Ziffernfolge auch (für das Gitter rechts) in eine der 56 Möglichkeiten übersetzen, genau 3 aus den Ziffern 1, 2, …, 8 herauszugreifen. Insgesamt können Sie so zeigen, dass es 56 Wege durch das Gitter gibt!

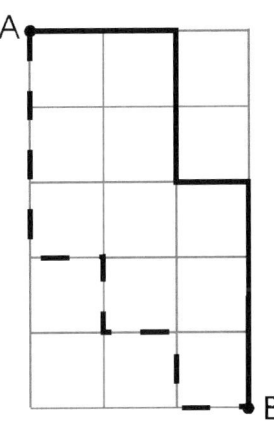

Beispiel für den **Anzahlvergleich bei unendlichen Mengen**:
Jede zweite der natürlichen Zahlen ist gerade – also besagt eine sehr nahe liegende Logik, dass es mehr natürliche als gerade natürliche Zahlen geben müsste. Andererseits lassen sich die Elemente beider Mengen so umkehrbar eindeutig zuordnen, dass sicher keine der Zahlen übersehen wird oder übrig bleibt:

Natürliche Zahlen	1	2	3	4	5	6	7	8	9	10	11	…
Gerade Zahlen	2	4	6	8	10	12	14	16	18	20	22	…

Offensichtlich müssen also beide Mengen gleichmächtig sein! Der offenkundige Widerspruch zur intuitiven Zahlvorstellung (die sich selbstverständlich auf endliche Mengen bezieht, weil nur solche konkret erfahrbar sind) kann hier nicht aufgelöst werden.

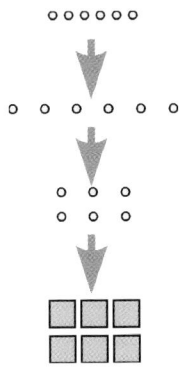

Der Kardinalzahlaspekt wird also erst auf einem recht hohen formalen Niveau für die Mathematik bedeutsam. Dass er in der Didaktik des Anfangsunterrichts so große Beachtung fand, liegt an entwicklungspsychologischen Erkenntnissen von Jean **Piaget** (1896–1980). Danach prägt sich etwa im Alter der Schulanfänger die Idee der **Mengeninvarianz** aus. Das ist die Sicherheit, dass die Anzahl der Objekte in einer Menge bei beliebiger Veränderung ihrer Lage und auch beim Austausch von Objekten erhalten bleibt. Alle vier rechts dargestellten Mengen stehen zueinander in der Beziehung

„gleich viele", obwohl das nach dem äußeren Anschein zunächst keineswegs selbstverständlich ist: Vor der **Anzahl** richtet sich die Aufmerksamkeit zuerst auf die Eigenschaften der einzelnen Objekte (groß/klein) und dann auf die äußere Erscheinungsform der gesamten Menge (großer bzw. kleiner Platzverbrauch).

Vor allem im Grenzbereich der simultanen Anzahlerfassung (etwa bei 5–6) und darüber hinaus sollten den Schülern genügend Erfahrungen zur Mengeninvarianz vermittelt werden:

– Häufiges Abzählen von Mengen, deren Objekte immer wieder bezüglich Lage und Gestalt verändert werden, verstärkt die Sicherheit, dass das Ergebnis des Zählvorganges invariant (unveränderlich) ist.
– Die Sammlung von verschiedensten Zahlbildern zu einzelnen Anzahlen zeigt die Vielfalt der möglichen Erscheinungsformen und erleichtert den Abstraktionsprozess. Als abwechslungsreiche Übung können auf dem Punkteraster (Anlage 2) viele gleichmächtige Mengen von unterschiedlichster Anordnung eingegrenzt werden.

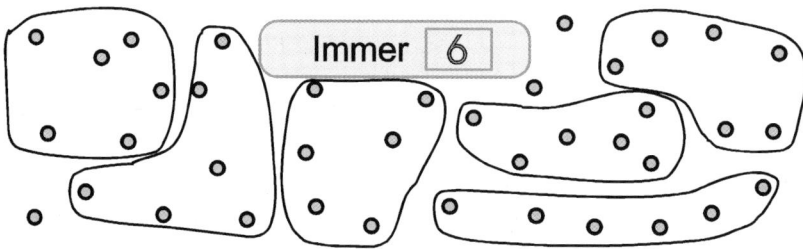

– Die Ordnung von sehr verschiedenen Zahlbildern nach ihrer Anzahl (z. B. in einem „Zahlbildkasten" mit Fächern zu jedem Zahlwort) zeigt, dass durch Abzählen alle konkret herstellbaren Mengen erfasst und klassifiziert (eingeteilt) werden können.
– Systematisches Ordnen von größeren und unübersichtlich angeordneten Mengen (Formzahlaspekt!) zeigt, dass es in der unüberschaubaren Fülle von Erscheinungsformen für Anzahlen immer solche gibt, für die das zugehörige Zahlwort leicht zu finden ist.

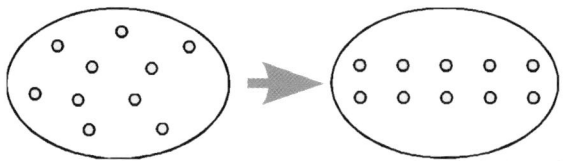

Mathematische Begriffsbildung (Definition):
Zwei Mengen heißen **gleichmächtig**, wenn es zwischen ihnen eine umkehrbar eindeutige Zuordnung gibt.
Eine Klasse aller gleichmächtigen Mengen (in einem Vorrat von Mengen) nennt man eine **Kardinalzahl**.

Der mathematische Begriff der Kardinalzahl entspricht somit – für endliche Mengen – dem üblichen Verständnis des alltagssprachlichen Begriffs der Anzahl. Anzahlen beziehen sich auf Mengen; das Rechnen mit Anzahlen kann deshalb durch konkrete Handlungen mit Mengen dargestellt werden. Diese Operationen werden in Kapitel 4 genauer beschrieben und an dieser Stelle nur angedeutet.

Addition und **Subtraktion** von Anzahlen:
Die *Addition* **vereinigt** zwei Mengen (zu einer Menge kommt eine zweite Menge hinzu). Bei nicht konstruierten Situationen tritt das theoretische Problem kaum auf, dass die Mengen keine gemeinsamen Elemente haben dürfen.
Bei der *Subtraktion* wird eine Teilmenge (z. B. durch Ausstreichen) „ausgegliedert".

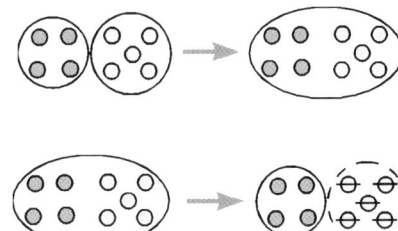

Multiplikation und **Division** von Anzahlen:
Der Multiplikation entspricht die Mengenoperation **kartesisches Produkt** (s. kombinatorisches Modell der Multiplikation in Kap. 4); da dieses Modell kaum eine für die Schule geeignete Grundvorstellung vermittelt, wird die mehrfache Addition (Mengenvereinigung) als Hilfskonstruktion benutzt.
Zur Division gibt es keine entsprechende Mengenoperation – deshalb überträgt man das Verteilen bzw. Aufteilen auf Mengen (das ist aber nur verständlich, wenn es sich um Mengen mit „homogenen" – gleichartigen – Elementen handelt).

2.2 Zählzahl und Ordnungszahl

Die wichtigste Methode zur Anzahlbestimmung bei kleinen Zahlen *(bis etwa 20)* ist das **Abzählen**. Dadurch werden die Elemente der abzuzählenden Menge den Nummern der Zahlwortreihe zugeordnet und so (zumindest gedanklich) wie auf einer Kette aufgefädelt. Das letzte Wort in der Zählreihe bestimmt die Anzahl der abgezählten Menge – ihre **Zählzahl**.

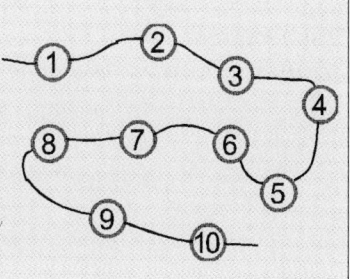

Gleichzeitig wird die abgezählte Menge durch den Zählprozess genau wie die Zahlwortreihe angeordnet.

Ihre Elemente werden **nummeriert** (das erste, das zweite, das dritte, …) und bekommen dadurch eine zusätzliche Beziehung zu den anderen Elementen, ihre **Ordnungszahl**.

Der Zählzahl- und der Ordnungszahlaspekt hängen also sehr eng zusammen (wie im Übrigen in nicht ganz so auffälliger Weise alle Zahlaspekte): Es kommt jeweils auf die Absicht an, die mit dem Zählvorgang verbunden ist! Wenn das Aufsagen der Zahlwortreihe nur dazu dient, der ganzen abgezählten Menge einen Zahlnamen zu geben, herrscht ganz eindeutig der *Zählzahlaspekt* vor. In diesem Fall sollen eine bewusste Systematik der Nummerierung wie auch eventuelle Umordnungen der Menge nur sicherstellen, dass kein Objekt vergessen und keines doppelt gezählt wurde.

Wesentlich für die Sicherheit des Abzählverfahrens ist die (nur durch Übung zu gewinnende) Erkenntnis, dass das Ergebnis des Zählprozesses (das letzte Zahlwort) nicht davon abhängt, wie die Menge „durchlaufen" wird. Dazu brauchen die Schüler verschiedene Zählvorgänge bei derselben Menge – bis sie sicher sind, dass sich ein weiterer Zählvorgang nicht mehr lohnt.

Wenn nicht das Ergebnis des Zählens, sondern der Vorgang selbst im Vordergrund des Interesses steht, achtet man besonders auf den *Ordnungszahlaspekt*: Durch die Nummerierung der abgezählten Objekte – speziell, wenn sie systematisch erfolgt – wird nämlich eine Beziehung zwischen den Gliedern der Zahlwortreihe hergestellt, wird der aktuelle gebrauchte Zahlenraum geordnet und übersichtlich gemacht. Der Vergleich unterschiedlicher Ordnungen des gleichen Zahlenraumes ist wichtig, um einerseits die Zahlwortreihe als mathematische Grunderfahrung zu stabilisieren – und um andererseits zunehmend größere Bewegungsfreiheit innerhalb der Zahlenreihe zu gewinnen.

– Eine gute Übung zur Orientierung in einer geordneten Zahlenmenge ist das „Links-rechts-Memory": Ein Kind versucht sich die Zahlen in einer vorgegebenen oder von ihm selbst hergestellten Ordnung einzuprägen und sie dann mit geschlossenen Augen „abzuräumen":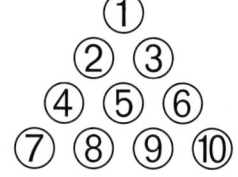
Es nennt in der jeweils obersten Reihe zuerst die Zahl, die ganz links steht, dann die ganz rechts usw. Ein zweites Kind passt als Schiedsrichter auf und deckt die richtig genannten Zahlen mit Plättchen ab, bis das ganze Zahlenfeld abgedeckt ist.

– Als Variation dieser Aufgabe bietet es sich auch an, die Zahlen auf Kärtchen zu schreiben und sie dann in der gewünschten Weise anzuordnen; ein Spieler nennt die Zahlen und der Schiedsrichter nimmt alle richtig genannten Zahlenkärtchen weg. Bei dieser Variante kann bei jedem Durchgang die Ordnung verändert werden, um das Spiel interessant zu halten.

Wichtig ist auch die Beziehung zwischen *Zählzahl und Anzahl*: Verschiedene gleichmächtige Mengen besitzen die gleiche Zählzahl! Auch das ist nicht selbstverständlich – nach Umordnungen einer Menge oder Ersetzen der Objekte einer Menge durch andere sind neue Zählprozesse keineswegs überflüssig, sie unterstützen vielmehr die notwendigen Erfahrungen zur Mengeninvarianz.

Eine umkehrbar eindeutige Zuordnung zwischen zwei gleichmächtigen Mengen überträgt jede Abzähl-Anordnung einer Menge auf die andere; andererseits erzeugen zwei Abzählungen in den beiden Mengen eine umkehrbar eindeutige Zuordnung (der Elemente mit den jeweils gleichen Nummern). Durch gleichzeitiges Abzählen zweier Mengen kann dieser Zusammenhang konkret handelnd erfahren werden.

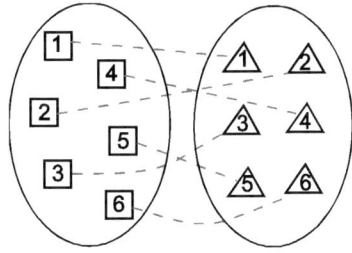

Zählen ist die einfachste und grundlegende Rechenoperation; die bekannten Rechenoperationen ergeben sich durch Systematisierung und Effektivierung des Zählvorganges.

Addition und **Subtraktion** von Zählzahlen:
Weiterzählen bzw. **Zurückzählen,** die auf den Grundoperationen **Nachfolger** bzw. **Vorgänger** beruhen.
Beispiel: 5 + 3 (bzw. 7 – 4) heißt: Bilde den 3. Nachfolger von 5 (bzw. den 4. Vorgänger von 7)!

Multiplikation und **Division** von Zählzahlen:
Multiplikation ist **Weiterzählen in gleich großen Schritten**: 7 · 4 ist der 4-Nachfolger von 6 · 4; das wiederum ist der 4-Nachfolger von 5 · 4 usw.
Grundlage dieser „rekursiven" Definition ist die Festsetzung 1 · 4 = 4.
Division ist fortgesetzte Subtraktion, d. h. **Zurückzählen in gleich großen Schritten** – das Ergebnis bekommt man durch „Mitzählen" der notwendigen Schritte.

Hinweis: Der Zugang zum Rechnen über das Zählen ist zunächst der natürlichste **(einschließlich der Benutzung der Finger)** und deshalb durchaus zu fördern. Variable und strukturierte Zahlerfahrungen sind aber auf diesem Weg (wenn er vorherrscht) kaum zu gewinnen. Aus dem Zählen sind nur wenige Rechenvorteile abzuleiten: Schon das Kommutativgesetz der Addition ist nicht selbstverständlich. *Zählen ist eine wichtige Grundtechnik*, die aber durch Übungen zu anderen Zahlaspekten *ergänzt* werden muss!

2.3 Maßzahl

Maßzahlen sind Eigenschaften von „Größen", die durch einen Messprozess ermittelt werden: Es wird eine (prinzipiell frei wählbare) Einheitsgröße so lange „abgetragen", bis die ganze Größe erfasst (gemessen) ist:

1 (cm) 9 (cm)

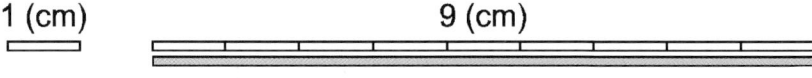

Der **Maßzahlaspekt** gewinnt bei zunehmender Realitätsnähe des Arithmetikunterrichts immer mehr an Bedeutung. Er wird deshalb an verschiedenen Stellen noch genauer diskutiert werden: Kapitel 7 beschäftigt sich mit Sachsituationen, in denen das Rechnen mit Maßzahlen hilfreich ist. In Kapitel 8 sind die Messprozesse beschrieben, durch die Maßzahlen gewonnen werden. Das konkrete Operieren mit Größen und ihren Maßzahlen vermittelt wichtige Grundvorstellungen für die Rechenoperationen mit Zahlen (s. Kap. 4). Die Übertragung von Rechenaufgaben in Handlungen mit Größen sollte deshalb intensiv geübt werden.

Addition und **Subtraktion** von Maßzahlen:

Multiplikation und **Division** von Maßzahlen:
Multiplikation ist **Vervielfachen**: $4 \cdot 3$ cm = 3 cm + 3 cm + 3 cm + 3 cm
Division kann auf zwei verschiedene Weisen mit Größen realisiert werden:
– **Messen**: 18 cm : 3 cm = 6 (3 cm passen 6-mal in 18 cm) oder
– **Einteilen**: 18 cm : 3 = 6 cm (der dritte Teil von 18 cm sind 6 cm).

Zu beachten ist allerdings hier wie auch bei den anderen Zahlaspekten, dass zwischen Zahl- und Größenoperationen keine eindeutige Korrespondenz besteht. Speziell das Hantieren mit Geldwerten (Münzen bzw. Scheinen) gehorcht nur sehr bedingt den gleichen Gesetzen wie das formale Rechnen mit Ziffernfolgen – sowohl im Kopf wie auch halbschriftlich und schriftlich.

2.4 Operatorzahl

Zahlen beschreiben oft absolute oder relative Vergleiche: **„3 mehr als", „4-mal so viel wie", „3 Viertel von"** … Auf diese Weise werden jeweils zwei Größen in Beziehung gesetzt bzw. eine Zuordnung zwischen ihnen beschrieben. Solche Zuordnungen nennt man **Operatoren**.
Elementare Operatoren sind „dynamische" Darstellungen der Grundrechenarten. Durch die Anweisungen „Gib 3 dazu", „Nimm 7 weg", „Gib 4 für 1" und „Gib 1 für 3" werden Rechenhandlungen beschrieben. Für diese Operationen ist charakteristisch, dass sie miteinander verknüpft und dass sie umgekehrt werden können.

Die Verkettung (gleichartiger) Operatoren ergibt wieder einen Operator von gleichem Typ:

Das bedeutet: Die Verkettung zweier Additions-(Subtraktions-)Operatoren entspricht der Addition der Operatorzahlen; die Verkettung zweier Multiplikations-(Divisions-)Operatoren entspricht der Multiplikation der Operatorzahlen: Operatoren können wie Zahlen miteinander „verrechnet", d. h. wie Zahlen behandelt werden.

Dieser Sachverhalt kann theoretisch als Grundlage für Zahlbereichserweiterungen (ganze Zahlen bzw. Bruchzahlen im Operatormodell) benutzt werden. Entsprechende Ansätze sind aber gescheitert, weil es im Mathematikunterricht nicht gelang, genügend konkrete Erfahrungen zum Operatoraspekt zu vermitteln.

Operatoren sind (in der Schule) keine Zahlen, mit denen gerechnet wird, sondern Hilfen bei der Darstellung von Rechenwegen.

Beispiel: **Zehnerüberschreitung** als nützlicher „Umweg"

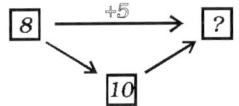

Auch die Bedeutung des Operatoraspekts für die Darstellung und Übung von Rechenschritten wird an anderer Stelle (Kap. 6) ausführlicher dargestellt werden.

2.5 Rechenzahl

Die bisher beschriebenen Zahlaspekte erfassen nur theoretisch alle natürlichen Zahlen; im praktischen Gebrauch sind Zählen und konkretes Operieren mit einzelnen Objekten auf relativ kleine Zahlenräume beschränkt. Das gilt auch für die durchaus gebräuchlichen sehr großen Maßzahlen: Sie entstehen selten durch einen wirklich ausgeführten Messprozess, sondern fast immer durch Rechnung (dass die Bodenfläche eines Zimmers mit einer Länge von 4,36 m und einer Breite von 3,55 m genau 154 780 cm^2 ≈ 15,48 m^2 enthält, wird sicher nicht durch Messung ermittelt). In größere Zahlenräume stößt man fast immer nur durch die Rechenoperationen vor, die für den jeweils bekannten Zahlenraum beschrieben werden, aber grundsätzlich über ihn hinausweisen.

In jedem Zahlenraum (z. B. 0–100) haben alle möglichen Additionsaufgaben zwar sicher eine Lösung; für (ungefähr) die Hälfte der Aufgaben liegt die Lösung aber jenseits der „Grenze" des Zahlenraumes: $38 + 27 = 65$, aber $83 + 72 = ??$ Analog ist es bei der Subtraktion: $38 - 27 = 11$, aber $27 - 38 = ??$ Die Multiplikation gar lässt den Zahlenraum „explodieren": Das Produkt $83 \cdot 72$ ist (im 2. Schuljahr) unfassbar groß, obwohl beide Faktoren recht gut anschaulich erfahren werden können. Bei der Division schließlich sind gar nur sehr wenige Aufgaben ohne weiteres lösbar; schon Aufgaben mit ganz einfachen Zahlen machen Probleme: $4 : 7 = ??$.

Alle diese „unlösbaren" Aufgaben sind Anlass für Zahlraumerweiterungen, die wieder über Rechenoperationen beschrieben werden können.

Beispiel: $15 + 8 = 20 + 3 \ldots = 23$!

Je weiter der Zahlenraum in späteren Schuljahren ausgedehnt wird, desto weniger können die neuen Zahlen mit konkreten Erfahrungen verbunden werden und desto mehr tritt die formale Konstruktion durch Rechnung in den Vordergrund.

Der **Rechenzahlaspekt** wird in der Schule schon nach kurzer Zeit *absolut dominant*: Schüler machen ihre Erfahrungen mit Zahlen fast ausschließlich dadurch, dass sie mit ihnen rechnen! Nur bei der üblicherweise kurzen Einführung neuer Zahlen, von Rechentechniken oder von Rechenregeln wird versucht eine Verbindung zu anderen Zahlaspekten herzustellen; die Vertiefung geschieht fast ausschließlich dadurch, dass durch symbolische Verarbeitung von Ziffern bzw. Ziffernfolgen mehrere Zahlen zu einer „verrechnet" werden.

Vorteile:

- Beim formalen Rechnen können in kurzer Zeit viele Zahlen „verarbeitet" werden. Das ermöglicht eine hohe Übungsintensität.
- Erfahrungen mit dem Rechenzahlaspekt sind fast unabhängig von der Größe der Zahlen. Die Beispiele können in ihrer Komplexität beliebig gesteigert werden.
- Rechnen kann vielerlei Zahlbeziehungen deutlich machen (Bsp.: Die Zerlegung einer Zahl in Summanden bzw. Faktoren vergleicht sie intensiv mit vielen kleineren Zahlen).

Nachteile:

- Symbolische Zahlverarbeitung kann zu mechanischem und gedankenlosem Rechnen führen.
- Computer können viel besser und viel schneller symbolische Rechenoperationen ausführen. Die Einübung dieser Fertigkeiten ist deshalb den Schülern immer schwerer zu erklären.
- Die Favorisierung des formalen Rechnens und seine offensichtliche Effektivität führt gerne dazu, dass konkrete Vorstellungen von Zahlen und Rechnen als lästiges Hindernis angesehen werden. Rechnen wird deshalb selten kontrolliert und ist sehr fehleranfällig.

Das *Vorherrschen des Rechenzahlaspektes* ist im Mathematikunterricht fast nicht zu vermeiden. Das ist nicht weiter schlimm – das Rechnen ist ja schließlich dazu erfunden und immer besser perfektioniert worden, um nicht bei jeder Überlegung an konkrete Handlungen gebunden zu sein. Schlimm wird die Sache erst, wenn der Rechenzahlaspekt mit den anderen Zahlaspekten nicht mehr verbunden werden kann, wenn „Sachanwendungen" als uninteressante „Einkleidungen" erscheinen und jede anschauliche Interpretation als unnötige Simplifizierung empfunden wird.

2.6 Der Codierungsaspekt

Voraussetzung für effektives Rechnen ist bei größeren Zahlen eine geeignete Darstellungsform, die es ermöglicht, mit einem kleinen Vorrat an sicheren Rechenfertigkeiten sehr viele verschiedene Rechnungen ausführen zu können. Die gebräuchliche Zahlschreibweise ordnet dazu wenige (genau 10) verschiedene Zahlzeichen **(Ziffern)** in **Ziffernfolgen** an. Zahlen erscheinen Schülern deshalb fast immer in Form von Ziffern bzw. Ziffernfolgen; Rechnen ist formales Operieren mit diesen Objekten.

Die **Schreibweise** für größere Zahlen in Form von Ziffernfolgen selbst ist immer Ergebnis einer Rechnung:

$$17 = 10 + 7; \quad 35 = 3 \cdot 10 + 5; \quad 759 = 7 \cdot 10 \cdot 10 + 5 \cdot 10 + 9 \ldots$$

In der Ziffernfolge ist die zugehörige Rechnung verschlüsselt (codiert) enthalten, der Schlüssel selbst ist durch die Regeln des Dezimalsystems gegeben. Es gibt sehr verschiedene solche Codes: Stellenwertsysteme mit verschiedenen Basiszahlen und auch andere Zahlsysteme (römische Zahlschreibweise ...). In der Schreibweise einer Zahl steckt wichtige Information über die Zahl: Das meint der **Codierungsaspekt**. Die codierte Zahlschreibweise hilft den Schülern beim verständigen Umgang mit Zahlen, wenn die Codierung wie auch die Entschlüsselung möglichst selbstverständlich sind. Das bedeutet, dass die Schüler sowohl die Übertragung von „zahlhaltigen" Situationen in die Zahlschreibweise wie auch die von Ziffernfolgen in konkret-anschauliche Vorstellungen immer wieder üben sollten.

Die dezimale Zahlschreibweise wird in den Maßsystemen fast aller Größenbereiche verwendet. Der Umgang mit Größen kann deshalb die Einsicht in die Bedeutung der Ziffernschreibweise vertiefen. Selbstverständlich entsprechen auch die geläufigen Darstellungen für Zahlenräume der dezimalen Zahlgliederung:

Rechenzahl- und Codierungsaspekt sind eng miteinander verbunden. Sie sind aber auch nicht identisch, denn sie betonen verschiedene Facetten des vielschichtigen Zahlbegriffes. So steckt in der Codierung der ersten Zahlen (0–9) durch Ziffern keinerlei erkennbare Rechenerfahrung und umgekehrt gibt es Rechengesetze, die ganz unabhängig von der Zahlschreibweise existieren. Beispielsweise kann die Reihenfolge zweier Summanden immer vertauscht werden – unabhängig von der Form, in der die Zahlen notiert worden sind.

Der Codierungsaspekt hat noch eine weitere Facette, die zwar praktisch bedeutsam, für den Unterricht der ersten Schuljahre aber wenig ergiebig ist. In vielen Fällen macht die Codierung durch Zahlen Objekte einer bestimmten Art leicht identifizierbar und damit verwaltbar. So werden Haushalte durch ihre Telefonnummer, (Teil-)Orte durch ihre Postleitzahl oder Waren durch ihre Bestellnummer in einem Katalog beschrieben. Auch die Zuordnung von Koordinaten zu geographischen Orten zählt dazu. Alle diese Anwendungsbereiche werden aber erst bei fortschreitender Orientierung an komplexeren Zusammenhängen wichtig.

2.7 Der Formzahlaspekt und subjektive Zahlaspekte

Die vielfältigen Beziehungen zwischen Anzahlen von Mengen und den geometrisch beschreibbaren Anordnungen der Mengen (s. Kap. 1) haben keine große Relevanz für praktische Anwendungen im Alltag. Aber einerseits betonen sie bedeutsame „archetypische" Zahlvorstellungen und andererseits stellen sie im Unterricht eine reichhaltige Quelle für wichtige mathematische Erfahrungen dar. Sie ermöglichen den Schülern sehr selbstständige mathematische Lernaktivitäten – und sie verschaffen Zahlen und ihren Eigenschaften den notwendigen anschaulichen Hintergrund, ohne den die Arithmetik leicht zum gedankenlosen Spiel wird.

Übung

3. *Zeigen Sie, dass Sie nicht nur (wie in der Zeichnung) aus 2 oder 4 gleichschenklig rechtwinkligen Dreiecken wieder ein formgleiches Dreieck legen können, sondern auch aus 8, 9, 16, 18, 25, 32, 36, 50 ... deckungsgleichen Dreiecken. Können Sie genau sagen, welche Zahlen sich dafür eignen? Überlegen Sie sich auch einen geeigneten Namen für diese Zahlen (der Name soll durch die Form der jeweils gelegten Figur bestimmt sein).*

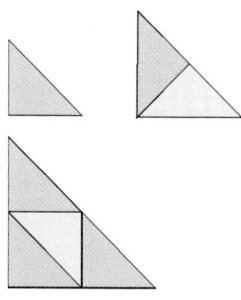

Der **Formzahlaspekt** zeigt, dass mathematische Begriffe wie die Zahlen keineswegs nur eindeutig interpretierbar sind, sondern dass in ihnen eine reichhaltige, bunte Welt von subjektiven Erfahrungen enthalten ist und dass es den Mathematikunterricht sehr befruchten kann, wenn diese Welt der individuellen Handlungsmöglichkeiten und Interessen zugelassen und gefördert wird. Gleichzeitig werden so die wichtigsten Teilgebiete des Mathematikunterrichts, die Arithmetik und die Geometrie, miteinander verbunden (s. Abschn. 9.4) und nicht, wie üblich, getrennt behandelt.

Der **Zahlbegriff** ist nur scheinbar objektiv und klar. Er erweist sich schon bei Beschränkung auf seine rein mathematischen Aspekte als höchst schillernd und vielschichtig und er hat daneben noch viele außerordentlich subjektive Facetten. Das kann im Unterricht zwar kaum thematisiert werden, sollte aber in den Überlegungen der Lehrerin dennoch eine Rolle spielen, weil subjektive Empfindungen auch und gerade gegenüber scheinbar objektiven Inhalten durchaus Einfluss auf das Unterrichtsgeschehen haben. Ohne Anspruch auf Vollständigkeit seien einige subjektive Zahlaspekte (in einer nicht allgemein gebräuchlichen Terminologie) genannt.

- Der **Empathie-Aspekt**. Viele Menschen haben Lieblingszahlen und solche, die ihnen von Herzen zuwider sind. Meist können sie keinen Grund dafür nennen, manchmal haben sie mit individuellen Konstellationen zu tun, die als angenehm oder störend empfunden werden. Es ist außerordentlich aufschlussreich, die Schüler gelegentlich um Auskunft zu ihren besonders bevorzugten oder abgelehnten Zahlen zu bitten und zu sehen, ob die Rückmeldungen – und mögliche Veränderungen – eventuell etwas mit dem Unterricht zu tun haben könnten.

- Der **soziologische Aspekt**. Ein einzelner Mensch fühlt sich anders als ein Paar, das wiederum anders miteinander umgeht als eine Dreiergruppe und wieder ganz anders als eine Viergruppe. Erst ab größeren Anzahlen verwischen sich die Unterschiede zwischen den sozialen Beziehungen innerhalb von Gruppen verschiedener Größe. Dieser Aspekt ist für die Planung der geeigneten Sozialform für den Unterricht durchaus von Bedeutung.

- Der **Transzendenz-Aspekt**. In allen menschlichen Kulturen gibt es Elemente von Zahlsymbolik und Zahlenmystik. Die offensichtliche Abstraktheit von Zahlen kann es nahe legen, sie quasi als Bindeglied zwischen der irdischen Realität und einem überirdischen Prinzip zu verstehen. So gibt es etwa im christlichen Kulturkreis „heilige" Zahlen wie die 3 (Dreifaltigkeit) oder die 12. Selbst Mathematiker sind nicht immun gegen solche Vorstellungen! Es ist wohl kein Zufall, dass Zahlen wie π, die nicht durch das Lösen von Gleichungen direkt bestimmt werden können, **transzendent** heißen. Im Alltag sind von diesen Empfindungen banale Reste wie der Glauben an die Unglückszahl 13 übrig geblieben.

- Der **Macht-Aspekt**. Die Priester der Urreligionen verdankten ihren Einfluss nicht zuletzt ihrem Wissensmonopol in Bezug auf das geheimnisvolle Mysterium der Zahlen. Das ist heute nicht viel anders: Die Argumentation mit für andere nicht nachvollziehbaren Zahlen (vorwiegend aus Statistiken) macht unangreifbar und überlegen. Es müsste eine der wichtigsten Aufgaben des

Mathematikunterrichts sein, dem unkritischen Umgang mit Zahlen entgegenzuwirken. Aber auch im Mathematikunterricht selbst ist die geheimnisvolle Macht spürbar, die wirkliche oder angemaßte Zahlkompetenz verleiht: Mathematische Aussagen wie $2 + 2 = 4$ scheinen so offenkundig zu sein, dass eine Diskussion sich von selbst verbietet. Entsprechend „demokratisch" sind dann auch leider oft die Umgangsformen im Mathematikunterricht.

Die subjektiven Zahlaspekte dürfen – wie schon gesagt – nicht überbewertet werden. Auch als expliziter Lerninhalt für den Mathematikunterricht sind sie nur bedingt geeignet. Es ist vielmehr wichtig, dass die Lehrerin weiß und die Schüler spüren, dass es über Zahlen viel zu lernen gibt und dass das Wesen der Zahlen nie ganz auszuloten sein wird. Das Wissen um die Vielschichtigkeit und Unergründbarkeit des Zahlbegriffes ist sehr hilfreich für eine entspannte Atmosphäre im Mathematikunterricht! Umgekehrt hat die Vorstellung, beim Umgang mit Zahlen sei alles klar und eindeutig (und deshalb auch ganz einfach), fatale Wirkungen. Bei den Schülern, denen die Sache eben nicht auf Anhieb selbstverständlich einleuchtet, muss sie fast zwangsläufig das Selbstwertgefühl erheblich stören – und bei den Lehrerinnen das Verständnis für die „schwachen" Schüler belasten.
Das Wissen um die verschiedensten Zahlaspekte soll die Bereitschaft stärken, auch im Fach Mathematik die Dinge von verschiedenen Seiten zu betrachten und sie dadurch interessant und lernenswert zu machen.

3. Modelle für Zahlenräume

Zahlen sind keine Einzelobjekte, sondern sie sind immer eingebettet in eine Umgebung gleichartiger Objekte, in einen **Zahlenraum**. Das Wort „Zahl" leitet sich von dem Vorgang des Zählens ab, der eine Zahl als Ende eines Weges durch eine Kette von Zahlen versteht. Zwar beginnt Mathematik eigentlich erst dann, wenn der Zählvorgang nicht immer neu wiederholt werden muss, sondern wenn die Ergebnisse von Zählvorgängen zum Ausgangspunkt weiterführender Operationen gemacht werden. Aber es ist ganz einfach nicht wahr, dass Mathematik unabhängig sei von den Vorerfahrungen, die zu den mathematischen Begriffen und Objekten geführt haben!

Einer der größten didaktischen Fehler ist der recht verbreitete Glaube, die Kinder hätten den Zahlbegriff gebildet, wenn sie die Ziffern richtig aufschreiben und Ziffernfolgen ohne Verwechslungen den Zahlwörtern zuordnen können. Kinder können auch noch nicht rechnen, wenn sie das Einspluseins und das Einmaleins fehlerlos aufsagen und auch bei den Rechenalgorithmen geläufig einsetzen können! Die oben behandelten Erscheinungsformen betonen – mit Ausnahme des Kardinalzahlaspektes – niemals die einzelne Zahl, sondern immer Beziehungen zwischen Zahlen eines Zahlenraumes. Schon den Schulanfängern ist zumindest intuitiv vertraut, dass es unendlich viele Zahlen gibt und dass es deshalb aussichtslos ist, sie kennen lernen zu wollen, ohne von Vornherein eine überschaubare Ordnung in die unüberschaubare Menge zu bringen. Und Rechnen ohne Größenvorstellung, d. h. ohne eine Idee, welche Bewegung im Zahlenraum durch eine Rechnung vollzogen wird, ist ein sinnleeres Spiel ohne jede Kontrollmöglichkeit.

Der Arithmetikunterricht muss deshalb von Beginn an großen Wert darauf legen, dass die Kinder sich geläufig in den jeweils verfügbaren Zahlenräumen bewegen können. Die Vertrautheit mit Zahlraummodellen ist sehr wichtig, um eine brauchbare Vorstellung von den **Beziehungen der Zahlen** untereinander aufzubauen. Darüber hinaus bekommt das Rechnen mit Zahlen durch entsprechende **Operationen (Bewegungen) in Zahlenraummodellen** einen konkreten Hintergrund. Analog zu den verschiedenen Zahlaspekten gibt es auch verschiedene Modelle für Zahlenräume, die jeweils einen oder mehrere Aspekte besonders betonen.

Zum systematischen Kennenlernen von Zahlraummodellen gehören Übungen wie

– Einordnen der Zahlen (Zahlenkärtchen o. Ä.),
– Benennen von leeren (abgedeckten) Stellen im Zahlraummodell,
– Nachbarn von Zahlen (speziell Vorgänger und Nachfolger) angeben,
– Wandern im Modell: Einzelsprünge bzw. größere Sprünge in verschiedene Richtungen.

Prinzipiell ist die anschauliche Zahlerfahrung etwa auf den Raum bis 100 beschränkt. (Bei fast allen Sachsituationen sind nur zwei „geltende" Ziffern interessant, weil sie über ein inneres Bild vergleichbar sind.) *Dieser Zahlenraum bildet daher die Grundlage aller anschaulichen Zahlerfahrung und muss entsprechend intensiv kennen gelernt werden.*

3.1 Die Zahlenschlange

Dem induktiven Prozess der „Produktion" der natürlichen Zahlen durch Beginn bei der Zahl 1 und sukzessives Fortschreiten immer zur jeweils nächsten Zahl entspricht am besten das Auffädeln von **Perlen auf einer Schnur**. Sind die Perlen mit jeweils dem entsprechenden Zahlnamen beschriftet, so entsteht eine **Zahlenkette**. Eine bildliche Darstellung davon ist die **Zahlenschlange** (Anlage 3). Alle Modelle dieser Art betonen den Zählzahl- und den Ordnungszahlaspekt.

Die Zahlenschlange eignet sich besonders gut für Würfelspiele, bei denen um die Wette vom Kopf bis zum Schwanz oder umgekehrt durch die Schlange gehüpft wird. Das Vorwärts- oder Zurückspringen auf der Schlange entspricht dem **Weiterzählen** bzw. **Zurückzählen** im Zahlenraum. Diese Konkretisierungen für die Addition und die Subtraktion erscheinen so nahe liegend, dass dabei einige echte methodische Probleme gerne übersehen werden.

Es kommt häufig vor, dass Schüler beim Springen auf der Schlange das Startfeld mitzählen, also die betretenen Plätze anstelle der Schritte zählen. Ein Sechser-Sprung vorwärts von 27 aus kann so fatalerweise durchaus schon beim Feld 32 enden.

Platz-Nummer	...	27	28	29	30	31	32	33	...
Zählung		1	2	3	4	5	6		
Schritte			1	2	3	4	5	6	

Darüber hinaus ist es recht schwierig, die Aufmerksamkeit der Schüler vom reinen Abzählen der absolvierten Schritte auf das bewusste Weiter- bzw. Zurückzählen zu lenken! Für den Spielverlauf auf der Schlange ist es ja unerheblich, ob man zur richtigen Stelle durch Abzählen der Schritte (1 – 2 – 3 – 4 – 5 – 6) oder der Plätze (28 – 29 – 30 – 31 – 32 – 33) kommt. Im zweiten Fall muss aber noch ein zweiter Zählprozess durchgeführt werden, um sicher zu sein, dass die korrekte Anzahl von Schritten ausgeführt wird. Das Weiter- und Zurückzählen erscheint auf der Schlange oft eher als lästige Pflichtübung.

Schließlich verhindert das Modell auch, dass bei größeren Sprüngen die für effektives Rechnen gewünschten Zwischenstationen – speziell die Zehnerzahlen – als Halte- und Orientierungspunkte beachtet werden. Der Zählprozess führt ohne Zögern über die Zehnerzahlen hinweg und wird dort auch optisch nicht unterbrochen.

Das Springen auf der Zahlenschlange ist also nicht automatisch eine passende Veranschaulichung für Addition und Subtraktion; das Modell kann zu Fehlinterpretationen führen und die mathematische Formalisierung eher behindern als erleichtern. Andererseits verbindet die visuelle Wahrnehmung den Zählvorgang mit der Bewegung im Zahlenraum und macht seinen Inhalt und seine Struktur auch über den abgeschrittenen Weg hinaus immer vertrauter.

Für Hüpfspiele, bei denen sich die Schüler auch in der Freizeit spielerisch mit dem aktuellen Zahlenraum befassen können, eignet sich eine entsprechend große Zahlenschlange auf dem Boden des Schulhofs sehr gut. Aus Platzgründen ist es aber selten möglich, eine Hüpf-Zahlenschlange weit über 20 hinaus fortzusetzen. Auch auf dem Papier ist die Zahlenschlange kaum über den Zahlenraum bis 100 hinaus erweiterbar. Nur wenige weitere Zahlenplätze können untergebracht werden, ohne dass die Schlange unübersichtlich wird. Die Hunderterschlange entspricht in etwa dem oben erwähnten „elementar anschaulichen" Zahlenraum, in dem die durch die Gliederung der Zahlwörter gegebene Ordnung als ausreichend erscheint. Zwar ist es möglich, auf der Zahlenschlange weit größere Zahlen unterzubringen, aber sie wird dadurch noch nicht zu einem Modell für einen größeren Zahlenraum! Die Schlange, auf der die 100 Zehnerzahlen im Bereich bis 1000 eingetragen sind, ist nur sehr bedingt eine „Tausenderschlange".

3.2 Der Zahlenstrahl

Wenn die Schritte auf der Schlange immer gleich lang sind und immer in die gleiche Richtung gehen, wird aus der Schlange ein **Maßband**. Auf einem Maßband bezeichnen Zahlen nicht mehr einen Bereich (eine Perle, ein Kästchen), sondern einen Punkt – den Endpunkt eines Schrittes auf dem **Zahlenstrahl**: Der Maßzahlaspekt tritt an die Stelle des Zählzahlaspektes. Auf dem Maßband bekommt auch die Zahl 0 einen ganz konkreten Sinn als Markierung des Startpunktes für den Messprozess! Ein spezifisches Problem bei Maßbändern ist allerdings die Verwechslung der Null-Markierung mit dem linken Rand des Bandes.

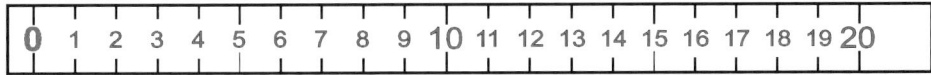

Der gewohnte Zahlenstrahl ist nichts anderes als ein zu einer Skala vereinfachtes Maßband. Er kann wie das Maßband beliebig weit nach rechts fortgesetzt werden – mindestens ist die Überschreitung der jeweiligen Grenze (geometrisch) kein Problem. Aber: In der Praxis können Zahlenstrahlen nicht beliebig lang sein! Schon im Bereich bis 100 kommt man für praktisch nutzbare Modelle nicht um eine Verfeinerung des Maßstabes herum.

Das Rechnen auf dem Zahlenstrahl übersetzt Rechenoperationen in Operationen mit Längen. Die Addition und Subtraktion kann man besonders gut veranschaulichen, indem zwei Zahlenstrahlen gegeneinander verschoben werden. So bekommt man einen Rechenstab (Anlage 4):

Bei einer Einstellung des Rechenstabes kann man drei verschiedene Rechnungen mit ihren Ergebnissen ablesen. Im Beispiel sind das die Aufgaben

26 + 36 = 62   (Vorwärtsspringen auf der unteren Skala),
62 – 36 = 26   (Zurückspringen auf der unteren Skala),
62 – 26 = 36   (Differenz zweier Skalenpunkte auf der unteren Skala).

Übungen

1. Welche Rechnungen können Sie ablesen, wenn Sie auf dem Rechenstab in der obigen Abbildung das Sichtfenster nach links bzw. rechts verschieben und dabei die beiden Skalen festhalten?

2. Verschieben Sie jetzt auf dem Rechenstab nur die obere Skala. Welche Rechnungen können Sie jetzt ablesen? Gibt es unter den Rechnungen solche, die im Kopf (ohne Rechenstab) besonders leicht zu lösen sind?

3. Die dritte mögliche Variation von Aufgaben mit dem Rechenstab bekommen Sie durch Verschieben der unteren Skala.

Mit dem Rechenstab kann man also viele verwandte Additions- und Subtraktionsaufgaben (Nachbaraufgaben) erzeugen. Allerdings unterscheidet der Rechenstab – weil er zu jeder Aufgabe sofort das Ergebnis anzeigt – nicht zwischen „leichten" und „schweren" Aufgaben und er verstellt auch den Blick auf mögliche Zerlegungen komplexer Aufgaben. Wer dagegen nur eine Skala zur Verfügung hat, ist beim Ausführen großer Sprünge auf die Zerlegung angewiesen:

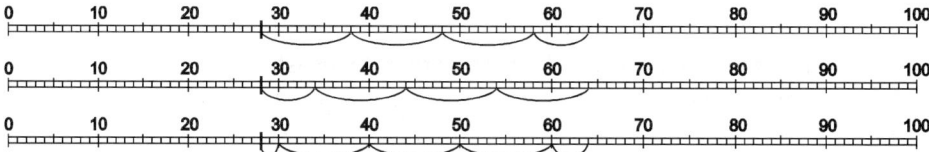

Offensichtlich können große Sprünge auf verschiedene Weisen zerlegt werden. Das Springen auf dem Zahlenstrahl unterstützt deshalb individuelle und bewegliche Rechenwege auf sehr anschauliche Weise.

3.3 Das Hunderterfeld

Es wurde schon mehrfach betont, dass schon im Bereich bis 100 die lineare Anordnung der Zahlen auf einem Zahlenband, einer Schlange oder auf dem Zahlenstrahl die Übersicht nicht gerade leicht macht, weil aus der Darstellung selbst nur
wenig Information über eine innere Struktur des Zahlenraumes abgelesen werden
kann. Es ist deshalb üblich, schon bei kleinen Zahlenräumen zu einer zweidimensionalen Ordnung überzugehen, indem die Zahlen in gleich langen Reihen zu je
10 nebeneinander angeordnet werden. So entsteht das Hunderterfeld (Anlage 5).
„Kindgemäße" Einkleidungen sind das **Zahlentheater** (in dem die Plätze wie im
Hunderterfeld nummeriert sind) oder das **Zahlenhaus**. Das Modell betont ganz
offensichtlich die dezimale Gliederung der Zahlwörter (Codierungszahlaspekt).
Der Zahlenraum bis 100 wird dadurch in einer sehr übersichtlichen Weise (qua-
dratisch) angeordnet.
Systematisches Kennenlernen des Hunderterfeldes erschließt die Grundidee der
Stellenwertschreibweise und der damit zusammenhängenden Rechenregeln, die
das Rechnen mit beliebigen Zahlen auf das Rechnen mit Ziffern zurückführen.
– Waagerechte Bewegungen: Das Rechnen innerhalb eines Zehners entspricht
  dem Rechnen im ersten Zehner.
– Senkrechte Bewegungen: Das Rechnen mit Zehnerzahlen folgt ebenfalls den
  gleichen Regeln wie das Rechnen im ersten Zehner.

Übungen

*4. Wenn Sie im Hunderterfeld 4 Zahlen herausgreifen,
die Nachbarn in einem Quadrat sind (s. rechts), so
ist ihre Summe immer eine gerade Zahl, die nicht
durch 4 teilbar ist.
Bestätigen Sie die Aussage durch Probieren. Wenn
Sie systematisch probieren, können Sie auch zu einer vollständigen Begründung kommen. Das geht
natürlich auch anders (mit „richtiger" Mathematik),
aber nicht unbedingt überzeugender!*

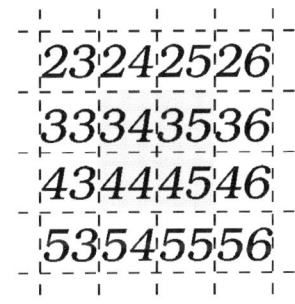

Das Hunderterfeld entspricht so sehr der Schreibweise der Zahlen und damit den
Sehgewohnheiten der Schüler, dass es sehr schwer ist, sie zu intensiven und
konzentrierten Übungen zu veranlassen. Leider nehmen sie dadurch auch das
durch das Hunderterfeld wiedergegebene Ordnungssystem des Zahlenraumes
oft nur recht oberflächlich wahr. Kontrastbildung durch den Vergleich mit anderen
Anordnungen der Zahlen bis 100 kann hier helfen. Bei den „Zahlenteppichen"
(Anlage 5) sind ebenfalls in jeder Reihe gleich viele Zahlen angeordnet; die Zahlschreibweise gibt aber den Platz der Zahl nicht mehr automatisch wieder – es

muss gerechnet werden. Die Variation der Breite der einzelnen Reihen in der Zahlentreppe oder im Zahlenberg zeigt dagegen, wie praktisch es ist, den Zahlenraum in gleich große „Portionen" aufzuteilen.

Zahlenteppich	Zahlentreppe	Zahlenberg
1 2 3 4 5 6 7 8 9 10 11 12 13 14 15 16 17 18 19 20 21 22 23 24 25 26 27 28 29 30 31 32 33 34 35 36	1 2 3 4 5 6 7 8 9 10 11 12 13 14 15 16 17 18 19 20 21	1 2 3 4 5 6 7 8 9 10 11 12 13 14 15 16 17 18 19 20 21 22 23 24 25

Die Orientierung im Zahlenraum ist umso interessanter, je weniger seine Anordnung den üblichen Gewohnheiten entspricht. Die Bewegungen in diesen Modellen können nicht mechanisch in einfache Ziffernoperationen übersetzt werden und sind daher eher Anlass für Orientierungsübungen, bei denen immer gerechnet wird. Es sei aber noch einmal betont: Die verschiedenen Anordnungen des Zahlenraumes bis 100 sind nicht etwa gleichberechtigt und gleich wichtig! Ihre Aufgabe ist es lediglich, den Blick zu schärfen für die besonders einfache Struktur des Hunderterfeldes, die der Struktur der Zahlschreibweise vollständig entspricht – und verschiedene Beziehungen im Zahlenraum als Anlass für intensive Rechenübungen zu nutzen.

Das Hunderterfeld ist prinzipiell nicht konsequent erweiterbar (höchstens als Tausender-Buch, das aus 10 Hunderterfeldern besteht).

3.4 Das Punktefeld

Das Punktefeld (Anlage 6) kann auf ganz verschiedene Weisen als Zahlraummodell verstanden werden.

a) Das Punktefeld als Raster, aus dem auf verschiedene Weisen Punktmengen abgetrennt werden können (Kardinalzahlaspekt).

Beispiel: 36 Punkte können abgetrennt werden als
– 3 Reihen mit 10 und 1 Reihe mit 6 Punkten,
– „Rechteck" aus 2 Reihen mit je 18 Punkten (bzw. 3 Reihen zu je 12, 4 Reihen zu je 9 oder auch 6 Reihen zu je 6 Punkten),
– „Dreieck" aus 8 Reihen mit 1, 2, 3, 4, 5, 6, 7, 8 Punkten (bzw. 6 Reihen mit 1, 3, 5, 7, 9, 11 Punkten)
– usw.

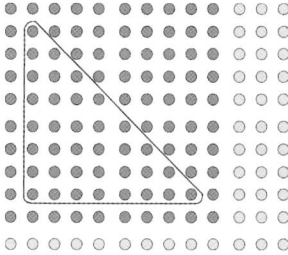

b) Das Punktefeld als Raster, in dem jeder Zahl ein Punkt zugeordnet ist. In dieser Interpretation ist das Punktefeld eine andere Darstellung des Hunderterfeldes (Zählzahlaspekt).

Beispiel: „Geheimschrift" zur Codierung von Streckenzügen im Punktefeld. Die Verbindung der Punkte 16 – 68 – 66 – 76 – 78 – 87 – 83 – 72 – 76 – 66 – 62 – 16 umrundet das Segelschiff.

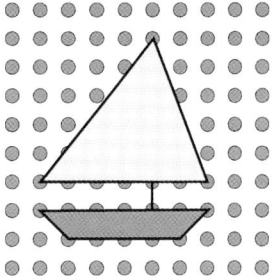

Das Übersetzen von Punkten in Zahlen (Platznummern) und umgekehrt stärkt die Orientierung im Hunderterraum.

c) Das Punktefeld als Raster, in dem die Ergebnisse von Rechenaufgaben – speziell Multiplikationen – anschaulich interpretiert werden (Rechenzahl- bzw. Formzahlaspekt). Besonders hervorzuheben ist seine Eignung für die Darstellung aller Einmaleinsaufgaben durch Abtrennen von rechteckigen Punktemengen. Das Punktefeld ist also eine ausgezeichnete Grundlage für handelnd-anschauliche Erfahrungen zu vielfältigen arithmetischen Übungen.

Passend zum Zahlenraum bis 100 und analog zum Hunderterfeld ist es üblich (s. Wittmann/Müller: Handbuch produktiver Rechenübungen), sich beim Punktefeld auf die dunkel gefärbten 10 Reihen zu je 10 Punkten zu beschränken. Die in der Anlage vorgeschlagene Variante deutet an, dass der aktuell behandelte Zahlenraum nur ein Ausschnitt ist und dass die künftigen Erweiterungen immer mitgedacht werden können. Durch die Möglichkeit, über die genau festgelegten Grenzen hinauszugehen, ist die erweiterte Form auch variabler für interessante Punktebilder und entsprechende Rechenaufgaben einzusetzen.

3.5 Geldwerte

Die Repräsentation von Zahlen durch Geldwerte ist den meisten Schülern vertraut. Wo das nicht in ausreichendem Maß gewährleistet ist, müssen die Kinder im Unterricht hinlänglich Gelegenheit bekommen, diese Vertrautheit zu erwerben. Das Hantieren mit Münzen und (Spiel-)Geldscheinen konkretisiert den Umgang mit Zahlen durch allgemein als wichtig akzeptierte Alltagserfahrungen. Die dezimale Zahlschreibweise wird so systematisch vertieft – und gleichzeitig in einen offeneren Kontext von Zahldarstellungen eingebettet, weil die gebräuchlichen Geldsorten verschiedene „Stückelungen" möglich machen.
Besonders Übungen zum Umtauschen sind wichtig. Sie können in Tabellen übersichtlich notiert werden.

Beispiel: 72 Pf mit 5, 6, 7, 10, … Münzen darstellen.

(50)	(10)	(5)	(2)	(1)
1	2			2
1		4	1	
1	1	1	3	1
	6	2		2
…	…	…	…	…

Beim Arbeiten mit Geldwerten steht überraschenderweise der Maßzahlaspekt nicht unbedingt im Zentrum der Aufmerksamkeit, weil die Zerlegung einer Größe in lauter gleiche Einheiten meist entweder uninteressant oder trivial ist (wenn lauter Pfennige auf dem Tisch liegen). Die wichtigste Aktivität ist vielmehr das Rechnen: Umrechnen, Zusammenzählen, Ergänzen. Das konkrete Rechnen mit Geldwerten ist deshalb eine ausgezeichnete Hilfe beim Aufbau von arithmetischen Grundvorstellungen (Kap. 4) und bei der Einsicht in Rechenvorteile. Es ist allerdings darauf zu achten, dass die Handlungen mit Münzen und Scheinen nur bedingt den Operationen mit Zahlen entsprechen. Die Beispielaufgabe oben macht nur in der „Einkleidung" durch Münzen Sinn, in einer Stellenwerttabelle könnte sie überhaupt nicht gelöst werden.

Noch in anderer Weise ist der Größenbereich der Geldwerte nicht unbedingt strukturgleich zu den anderen besprochenen Zahlraummodellen. Allen Kindern ist bekannt, dass es neben der Einheit 1 Pf die mindestens ebenso gebräuchliche Einheit 1 DM gibt, was sich auch durch die Währungsumstellung zu Cent und Euro nicht ändert. Ganz selbstverständlich sind darüber hinaus auch Beträge wie 1 DM 50 Pf, bei denen beide Einheiten gleichzeitig benutzt werden. Und kaum eine einigermaßen realitätsnahe Lernsituation passt genau auf den jeweils gerade aktuellen Zahlenraum (s. auch Abschn. 8.3). Trotzdem oder gerade deshalb sollten die Kinder frühzeitig die Gewohnheit entwickeln, Rechenaufgaben in entsprechende Situationen mit Geld zu übersetzen, weil dieses Modell im Gegensatz zu den übrigen oben besprochenen auf Dauer brauchbar ist und weil die Ausbildung von Größenvorstellungen bei Geldwerten zur ganz praktischen Lebensvorbereitung gehört.

3.6 Das Prinzip der Variation der Veranschaulichung

Der Gebrauch verschiedener Zahlraummodelle entspricht dem

> **Prinzip der Variation der Veranschaulichung:**
> Verschiedene Veranschaulichungen des gleichen Inhalts helfen das Wesentliche zu erkennen.

Dieses Prinzip ist sehr umstritten. Es gibt gute Gründe für dieses Prinzip ebenso wie auch überzeugende Gegenargumente.

Pro:
- Zahlen und Zahlenräume sind Abstraktionen aus vielfältigen Sachzusammenhängen. Eine Festlegung auf ein Modell klammert viele dieser Zusammenhänge (Zahlaspekte) aus.
- Nicht jedem Kind (vor allem den „schwachen" Schülern!) hilft die gleiche Modellvorstellung. Zu einseitige Auswahl erschwert deshalb einem Teil der Schüler das Verständnis.
- Modelle entfalten erst dann ihren ganzen Wert, wenn man nicht mehr an sie gebunden ist. Wichtiger als die Geläufigkeit in einem Modell ist deshalb die Auswahl des jeweils geeigneten Modells und die Übertragung (Transfer) zwischen den Modellen.

Kontra:
- Jede neue Veranschaulichung ist neuer Lerninhalt und hält zunächst den Lernfortschritt auf.
- Zu viele verschiedene Erscheinungsformen derselben Sache verwirren (vor allem die schwachen Schüler). Deshalb sind einheitliche Schreib-, Sprech- und Darstellungsweisen wichtig.
- Transfer zwischen verschiedenen Darstellungsformen ist eine sehr weit gehende Zielsetzung, die man erst zu einem späteren Zeitpunkt anstreben sollte.

Als Zwischenlösung bietet es sich an, ein Modell, das besonders leistungsfähig erscheint, besonders intensiv zu behandeln und die Lernaktivitäten darauf zu konzentrieren. Die Übungsphase kann dann durch Übertragungen in andere Modelle abwechslungsreich gestaltet werden.

3.7 Zahlwörter

Die Zahlsprechweise orientiert sich an der dezimalen Zahlgliederung (Codierungsaspekt).
Im Bereich bis 100 ist die Sprechweise sehr inkonsequent und deshalb schwierig: In den Zahlwörtern „elf" und „zwölf" ist die Stellenwertordnung noch nicht

enthalten, während ab „drei-zehn" zwar Zehner- und Einerziffer getrennt genannt werden, aber in anderer Reihenfolge als die gewohnte Schreibrichtung von links nach rechts.

Die **Unterscheidung von Schreib- und Sprechrichtung** macht vielen Schülern erhebliche Probleme, die nur durch Gewöhnung (intensive Übung) behoben werden können. Als Übung empfehlen sich Zahlendiktate und vielfältige Übertragungen in vertraute Modelle.

Als möglicher „Ausweg" erscheint Schülern häufig die Anpassung der *Schreibreihenfolge* (nicht der Richtung) an die Sprechweise, indem sie zuerst die Einer- und dann erst die Zehnerziffer schreiben. Auf diese Weise werden die Probleme aber nicht gelöst, sondern nur verschoben. Bei Zahlen mit mehr als 2 Stellen gehen in der Folge Schreibreihenfolge und -richtung vollkommen durcheinander. Da außerdem größere Zahlen beim schriftlichen Rechnen konsequent in einer Richtung „bearbeitet" werden müssen, sollten die Schüler frühzeitig an die übliche Schreibreihenfolge gewöhnt werden. Das Eintippen von Zahlen über eine Tastatur in einen Taschenrechner oder einen Computer kann dabei helfen, weil dabei Zifferndreher ausgeschlossen sind.

4. Anschauliches Rechnen

Die natürlichen Zahlen in der üblichen dezimalen Schreibweise und das Rechnen mit ihnen bilden – eigentlich – eine sehr einfaches formales System: Die Beherrschung weniger Techniken im Umgang mit den zehn Ziffern und mit Ziffernfolgen reichen aus, um die Arithmetik formal zu beherrschen. Einige Kinder können das sehr schnell – aber sie haben oft große Mühe, ihre Fertigkeiten mit konkreten Vorstellungen zu verbinden und vernünftigen Gebrauch von ihnen zu machen, wenn keine Routineaufgabe vorliegt. Andere Kinder tun sich auch nach Jahren noch sehr schwer mit einfachen Rechnungen – eben weil sie sich unter Zahlen und Rechenoperationen nichts Konkretes vorstellen können.

Die schwerwiegenden Folgen mangelnder Vorstellungen vom Rechnen zeigen sich oft erst bei fortschreitendem Umfang der im Mathematikunterricht behandelten Zahlbereiche und Rechentechniken. Viele Fehler beim Rechnen (z. B. mit Stellenwerten) und Verwechslungen von Rechentechniken haben darin ihre Ursache ebenso wie Probleme bei der Anwendung von Mathematik in Sachsituationen. Zahlenrechnen ist oft ein kaum kontrollierbares Spiel mit eigenen Regeln, das mit der Alltagslogik und mit anschaulichen Interpretationen kaum in Zusammenhang gebracht werden kann.

Die verhängnisvolle Trennung der formalen Zahloperationen von anschaulichen Vorstellungen beginnt häufig schon bei den allerersten arithmetischen Erfahrungen (teilweise bereits vor der Schule). Viele Kinder kommen mit der Vorstellung in die Schule, dass die „richtige" Arithmetik ausschließlich das Spiel mit den Ziffern ist. Leider werden sie nur zu oft in diesem gefährlichen Vorurteil von ihrer Lehrerin bestätigt, die zwar selbstverständlich konkrete Beispiele anbietet, sich aber kaum gegen den Drang zur formalen Perfektion wehrt. Natürlich wird den Kindern die Benutzung der Finger oder die Arbeit mit bunten Klötzchen erlaubt – aber häufig mit dem deutlichen Hinweis, dass das die geeignete Arbeitsform für die Schüler sei, die das Rechnen eben noch nicht richtig beherrschen. Verständlicherweise werden die meisten Kinder alles versuchen, um diese soziale Abqualifizierung zu vermeiden. Bei fast allen Schülern beschränken sich deshalb die anschaulichen arithmetischen Erfahrungen auf ganz simple Beispiele, die kaum ausbaubar und in den meisten Fällen auch noch unzulässig verengt sind. Solche Vorstellungen sind dann später wirklich keine Hilfe, sondern eher ein Verständnishindernis.

4.1 Handlung – Anschauung – Rechnung
(Bruner-Prinzipien)

Die Aufgabe des Mathematikunterrichts ist es, formale und konkrete Operationen so miteinander zu verbinden, dass sie sich gegenseitig stützen und ergänzen. Das ist wichtig für alle Schüler: Es erleichtert den Zugang zu formalen Techniken und es sichert sie gegen Fehler und Verwechslungen ab.

Beispiel:

Die Rechenaufgabe: 48 + 35
wird übertragen in eine
konkrete Handlung: Füge 4 10-Pf-Münzen und 8 einzelne Pfennige mit 3 Münzen zu 10 Pf und 5 Pfennigen zusammen! Durch Umtauschen bekommt man insgesamt 8 Münzen zu 10 Pf und 3 Pfennige.

Das kann wieder beschrieben werden durch eine
formale Rechnung: $48 + 35 = 40 + 8 + 30 + 5$
$= 70 + 8 + 5 = 70 + 3 + 5 + 5 = 80 + 3$
$= 83$

Die Wechselwirkung zwischen konkreten und formalen Operationen beschreibt das Schema

Übung

1. *Führen Sie die Addition 48 + 35 auf verschiedene Weisen mit Münzen durch! Die Beträge 48 Pf und 35 Pf kann man auf sehr viele Weisen aus Münzen zusammensetzen. Wählen Sie einige Beispiele aus und bestimmen Sie jeweils konkret durch Hantieren mit den Münzen die Summe. Versuchen Sie, die einzelnen Schritte des Vorganges schriftlich zu notieren.*
   Die Übung soll Ihnen zeigen, dass es sowohl im Bereich der Handlungserfahrung wie der formalen Rechnung entgegen der üblichen (Schul-)Gewohnheit einen sehr großen Handlungsspielraum gibt und dass auch sowohl der Vorgang der Konkretisierung wie auch der der Formalisierung keineswegs nach einem eindeutigen Schema ablaufen muss!

Abstrakter als die konkrete Handlung, aber konkreter als der formale Umgang mit Symbolen ist eine **bildhafte Darstellung** des Sachverhaltes: Sie hält (als Momentaufnahme) die Sachsituation fest, die so immer wieder ins Gedächtnis gerufen werden kann – und sie braucht oft auch wesentlich weniger (Material- und Zeit-)Aufwand als das konkrete Experiment. Weiter kann die bildhafte Darstellung als Vorstufe wie auch als Veranschaulichung für die besonders effektive, aber auch informationsarme Darstellung mit Symbolen dienen. Insofern schafft das Bild eine Verbindung zwischen Handlung und Rechnung. Der Umgang mit Bildern öffnet aber auch eine eigene Erfahrungsebene, auf die im Unterricht nicht verzichtet werden kann. Die grafische, skizzenhafte Darstellung sowohl von Sachsituationen wie auch von Rechenhandlungen ist eine wichtige Quelle für Einsicht und Inspiration. Es handelt sich um eine fundamentale Ausdrucksform des Menschen, die intensiv geschult werden muss, gerade weil sie vielen Schülern nicht leicht fällt. Andere Schüler, deren Stärke gerade in der zeichnerischen Darstellung liegt, bekommen dadurch eine Gelegenheit für sonst möglicherweise rare Erfolgserlebnisse in Mathematik.

Übung

2. Versuchen Sie einige der Vorgänge aus Übung 1 durch Verwendung von einfachen Bildern der Münzen (1) (2) (5) (10)) zu beschreiben: Was wird anschaulicher? Was wird schwieriger?

Die Beziehung zwischen den verschiedenen Darstellungsmöglichkeiten beschreibt eines der bekanntesten didaktischen Prinzipien der Lernpsychologie.

> Das **E-I-S-Prinzip** (J. S. Bruner):
> Lernaktivitäten können und sollen grundsätzlich auf 3 Repräsentationsebenen stattfinden.
> **Enaktiv** (handelnd): Operationen mit konkreten Gegenständen.
> **Ikonisch** (bildlich): Erfahrungen mit bildhaften Darstellungen.
> **Symbolisch**: Umgang mit Zeichen bzw. Sprache.

Die verschiedenen Repräsentationsebenen sind prinzipiell gleichrangig. In der Grundschule sollten aber die konkreten Handlungserfahrungen einen besonders breiten Raum einnehmen. Das E-I-S-Prinzip ist eine ganz deutliche Warnung vor der verbreiteten Tendenz, die Geläufigkeit in der symbolischen Zahlverarbeitung als wichtigstes Lernziel des Mathematikunterrichts anzusehen.

Stufung der Repräsentationsebenen im Lernprozess

Beim Kennenlernen eines neuen Sachverhaltes ist es häufig (aber nicht immer und nicht notwendigerweise!) sinnvoll, die Darstellungsformen gestuft einzusetzen.
- **Erste Vertrautheit** mit einer mathematischen Thematik gewinnen Kinder durch den **handelnden Umgang** mit realen Objekten.
  Beispiel: Eine größere Anzahl von Gegenständen überschaubar anordnen. Die Gliederung durch gleich große Reihen und Spalten ergibt sich fast von selbst.

- Die konkreten Erfahrungen werden in übersichtlichen **bildhaften Darstellungen festgehalten**. Aus einem vielfältigen Handlungszusammenhang können aber immer nur wenige „Momentaufnahmen" ausgewählt werden. Beispiel: Ausschneiden und Sammeln passender Punktemengen aus dem Punktefeld.

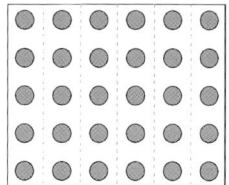

- Eine neu eingeführte Schreibweise (ein neuer Begriff) erlaubt es, **die** inzwischen **vertrauten Situationen** mit sehr wenig Aufwand zu **notieren**. Der verringerte Aufwand gegenüber der ikonischen Darstellung erlaubt die Speicherung und Mitteilung wesentlich größerer Datenmengen und macht auch einen neuen, sehr effektiven (formalen) Umgang mit ihnen möglich, wird aber mit einem Verlust an Realitätsbezug bezahlt.

Beispiel: Multiplikation als abkürzende Schreibweise:

$5 + 5 + 5 + 5 + 5 + 5$ wird abgekürzt durch $6 \cdot 5$

Diesen Prozess des Fortschreitens von Stufe zu Stufe der Darstellung nennt man (in der Mathematik) **Mathematisieren**: Die Beschreibung der Erfahrungen nimmt zunehmend mehr die Form an, die im System der Mathematik gebräuchlich ist.

Gegenseitige Unterstützung der Repräsentationsformen

Die Stufung Handlung – Anschauung – Verständnis wird meist ausschließlich als *zeitliche Reihenfolge* in der Behandlung eines Themas und als eine *Beschreibung* des erreichten Lernniveaus **missverstanden**. Unterricht hat aber **nicht** die Aufgabe, Schüler von konkreten und anschaulichen Erfahrungen wegzuführen, sondern verschiedene Formen der Erkenntnis **miteinander zu verbinden**!

Dass auf der symbolischen Ebene am effektivsten gearbeitet werden kann, ist kein Argument gegen die Verbindung der Darstellungsformen. Weil Kinder keine Automaten sind, verbietet es sich, sie zu automatischem Handeln ohne konkrete Bedeutung anzuleiten! Abstrakte Formalismen ohne die Beziehung zu realen Erfahrungen und konkreten Vorstellungen sind nicht nur wertlos, sondern auch unkontrollierbar und höchst fehleranfällig.

Die gleichberechtigte Beziehung zwischen Handlung, Anschauung und Formalismus kommt in der Bezeichnung der Repräsentationsmodi (Darstellungsweisen) besser zum Ausdruck als in der Vorstellung der Repräsentationsebenen, die eher eine hierarchische Struktur beschreiben.

Prinzip vom intermodalen Transfer:

Lernerfahrungen sollen so angelegt sein, dass auf Dauer die **Übertragung** zwischen allen drei Repräsentationsmodi möglich ist.

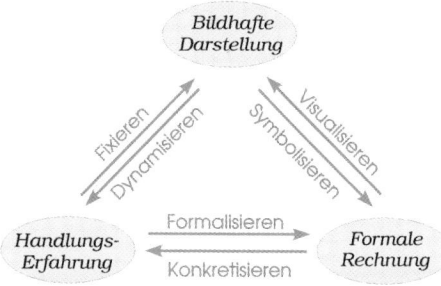

Nach Bruner handelt es sich um *verschiedene Ausprägungen derselben Sache*. Auf jeder Stufe – besser: in jedem Repräsentationsmodus – finden wichtige Lernprozesse statt! Auch ohne die symbolische Schreibweise mit Ziffern, Variablen o. Ä. kann eine Regel verstanden sein. Und: In jedem Repräsentationsmodus sind mathematische Erfahrungen möglich, die in den anderen Darstellungsarten nicht in entsprechender Weise gemacht werden können.
Beispiel: Viele Erfahrungen zum Formzahlaspekt (s. Abschn. 1.3) sind nur bemerkenswert beim konkreten Umgang mit geometrischen Formenplättchen. Die arithmetische Darstellung durch Terme hat für denjenigen, der sie nicht anschaulich interpretieren kann, sehr wenig Aussagekraft.

Bedeutung des Prinzips vom intermodalen Transfer:
- Befunde der Entwicklungspsychologie (s. Abschn. 11.3) besagen, dass besonders in der Grundschule die Entwicklung abstrakter Begriffe und Verfahren nicht ohne Einbettung in einen konkreten und anschaulichen Erfahrungshintergrund möglich ist.
- Die alleinige Ausrichtung der Mathematik auf den Umgang mit Zahl- und Rechenzeichen bevorzugt die Kinder mit formal-sprachlicher Wahrnehmung und Begabung. Sie schließt Kinder, die stärker auf die visuelle Wahrnehmung oder auf Handlungserfahrungen angewiesen sind, von Unterrichtserfolgen aus und denunziert sie als „rechenschwach" – was sie oft nur deshalb sind, weil Leistung nur in einem für sie schwer zugänglichen Bereich gefragt ist.
- Auch für Kinder, die sehr schnell geläufig mit Symbolen umgehen können, ist die Fähigkeit zum Transfer in konkret-anschauliche Darstellungen wichtig! Schüler, die ausschließlich auf ihre Geläufigkeit im Umgang mit mathematischer Symbolik vertrauen, stoßen immer wieder auf Situationen, in denen „blindes" Rechnen in die Irre führt.
- Darüber hinaus ist Mathematik, die sich von realen „Referenzkontexten" löst, sicher nicht allgemein bildend in dem Sinn, dass sie im Alltag entdeckt werden kann. Selbst routinierte Mathematiker nutzen anschauliche Assoziationen und Grundvorstellungen – umso wichtiger sollte diese Fähigkeit für Schüler sein!

Mathematische **Grundvorstellungen** bilden sich heraus, wenn **wesentliche Lernerfahrungen** in allen drei Repräsentationsformen **zusammenpassen**.

Wichtig ist speziell der Rückgriff von der symbolischen Rechnung auf Handlung und Anschauung, der stets möglich sein muss (und durch Transferübungen einzuüben ist). Er ist Voraussetzung dafür, dass auch Rechnungen mit „schwierigen" Zahlen anschaulich erklärt werden können.

4.2 Grundvorstellungen der Addition: Zusammenzählen oder Weiterzählen

Wie bei jeder Rechenoperation gibt es für die Addition keine völlig einheitliche Grundvorstellung, die alle wesentlichen Aspekte der zugrunde liegenden konkreten Sachverhalte und der zugehörigen mathematischen Struktur erfasst. Alle Grundvorstellungen sind andererseits miteinander verwandt und können entsprechend „umgedeutet" werden: Es kommt für die Schüler darauf an, *aus verschiedenen Modellvorstellungen ein einheitliches Gesamtbild* zu gewinnen.

Alle Rechenoperationen können prinzipiell als einstellige und als zweistellige Operationen gedeutet werden. Im ersten Fall wird eine (Ausgangs-)Zahl durch einen Rechenbefehl verändert (Operatorvorstellung), im zweiten Fall macht die Rechnung aus zwei Zahlen eine dritte.

Operatorvorstellung: Zuordnung von Zahlen	**Termvorstellung:** „Verknüpfung" von zwei Zahlen
$42 \xrightarrow{\;+9\;} 51$ 42 + 9 „**ergibt**" 51	42 + 9 = 51 42 + 9 „ist **dasselbe wie**" 51 42 + 9 ist ein anderer Name für 51
Anzahlen: Weiterzählen 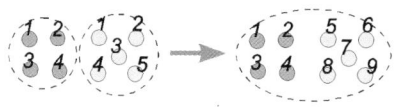	**Anzahlen: Zusammenzählen** 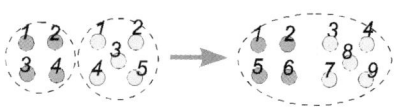
Größen: Hinzufügen 3 Pf und 5 Pf dazu ergeben 8 Pf 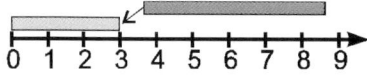	**Größen: Zusammenfügen** 3 Pf und 5 Pf sind zusammen 8 Pf 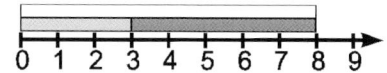
Zahlenstrahl: Vorwärtsspringen 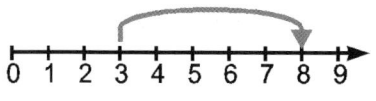	**Zahlenstrahl: Sprünge addieren** 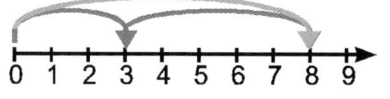

Übungen

3. *Stellen Sie die Addition 28 + 45 mit Münzen dar und notieren Sie die möglichen Schritte zum Ergebnis, wenn Sie es durch Zusammenzählen der beiden Beträge ermitteln (entscheiden Sie sich unter den verschiedenen Wegen für denjenigen, der Ihnen besonders plausibel erscheint). Wiederholen Sie den Vorgang, indem Sie ihn als Hinzufügen deuten. Notieren Sie wieder Ihre Schritte und vergleichen Sie!*

4. *Stellen Sie die beiden Additionsaufgaben 28 + 45 und 45 + 28 auf zwei verschiedenen Zahlenstrahlen in der Operatorvorstellung dar. Wie offensichtlich ist in dieser Darstellung, dass notwendigerweise 28 + 45 = 45 + 28 sein muss? Vergleichen Sie mit der entsprechenden Darstellung in der Termvorstellung: Wie „klar" ist hier das **Kommutativgesetz** der Addition?*

Bei der Addition können die verschiedenen Grundvorstellungen recht einfach miteinander in Verbindung gebracht werden; ihre Unterscheidung wirkt möglicherweise etwas konstruiert. Anders ist das bei den weiteren Rechenoperationen, bei denen das Problem oft dadurch „gelöst" wird, dass man der Beziehung zwischen den verschiedenen Vorstellungen gar keine Beachtung schenkt. Es ist aber nicht möglich, sich auf jeweils eine einzige immer anwendbare Grundvorstellung zu beschränken. Die Kinder müssen deshalb in die Lage versetzt werden, sich für die jeweils angemessene Vorstellung zu entscheiden.

4.3 Grundvorstellungen der Subtraktion: Wegnehmen oder Ergänzen

Subtraktion ist die **Umkehrung der Addition**. Die zugehörigen Handlungserfahrungen können vorwiegend aus der Operatordarstellung der Addition abgeleitet werden, zu der es zwei verschiedene Umkehraufgaben gibt mit den jeweils zugehörigen Handlungserfahrungen.

a) Die **umgekehrte *Handlung*** zum Hinzufügen (Weiterzählen) ist das **Wegnehmen (Zurückzählen)**. Wegnehmen oder Abziehen heißt übersetzt **Subtrahieren**.

Formal fragt die Umkehroperation nach dem Ausgangspunkt des Weiterzählens:

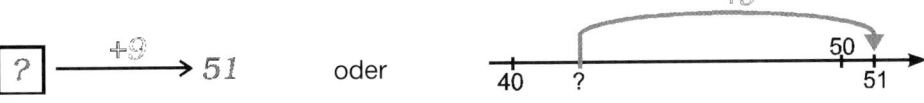

Das Ergebnis bekommt man durch Umdrehen des Operators:

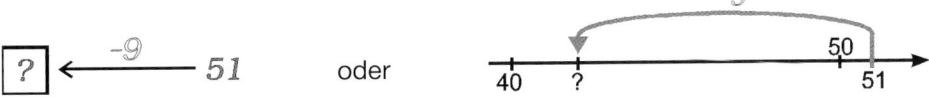

55

b) Die zweite Umkehrung der Addition fragt nach dem Operator, der die **Differenz** zwischen Ausgangs- und Endpunkt einer Addition (oder den **Unterschied** zwischen zwei Zahlenpunkten) angibt:

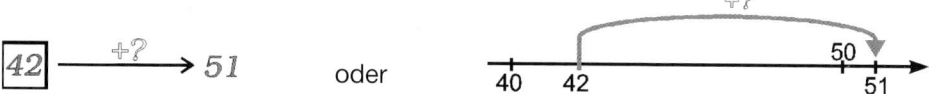

$$42 \xrightarrow{+?} 51 \qquad \text{oder}$$

Das Ergebnis bekommt man durch **Ergänzen** (Hinzufügen), das vom Schritt-für-Schritt-Zählen über die Auswahl geschickter „Zwischenstopps" (hier z. B. bei 50) schließlich zum schriftlichen Subtraktionsverfahren führen kann.

Hinweise:
– Die Subtraktion sollte auch in der Schule keine eigenständige Operation sein, sondern immer im Zusammenhang mit der Addition gesehen und behandelt werden (Umkehraufgaben!). Das ist eine entscheidende Denkerleichterung: Beim Lösen von Gleichungen, beim Lösen von Sachaufgaben, bei der schriftlichen Subtraktion …
– Es ist nicht möglich, eine der beiden Grundvorstellungen der Subtraktion als die immer passende auszuzeichnen. Konkret können immer beide Situationen auftreten und auch beim formalen Rechnen ist keine Grundvorstellung ausgezeichnet: Bei 82 – 78 ist es leichter, die Differenz zu berechnen, bei 82 – 4 zieht man leichter ab!

Eine Subtraktionsaufgabe kann also immer in zwei grundsätzlich verschiedene Handlungsvorstellungen übersetzt werden, die aber ganz sicher zum gleichen Ergebnis führen:

Wegnehmen (Subtraktion)	**Unterschied** (Differenz)
○ ○ ○ ✗ ✗ ✗ ✗ ✗	● ● ● ● ● ⚬ ⚬ ⚬ ○ ○ ○ ○ ○ ○ ○ ○
8 „weniger" 5 ergibt 3	Von 5 bis 8 „fehlen" 3

Diese Erfahrung muss immer wieder gemacht werden, bis die Schüler wirklich frei – je nach der vorliegenden Situation – zwischen den beiden Interpretationen wählen können!

Übung

5. Auf dem Rechenstab entsprechen den verschiedenen Grundvorstellungen der Subtraktion verschiedene Einstellungen derselben Aufgabe. Stellen Sie den Stab so ein, dass Sie den Term 72 – 48 einmal als Wegnehmen (Zurückzählen auf dem Zahlenstrahl) und einmal als Unterschied (Länge des Sprunges) zwischen den Zahlen 48 und 72 interpretieren. Untersuchen Sie auch in beiden Fällen, wie Sie Aufgaben mit gleichem Ergebnis einstellen können!

Die Beziehung zwischen den beiden Grundvorstellungen ist eine der wichtigen Aufgaben bei der immer wieder aufzunehmenden Übung der Subtraktion, während man bei der Einführung eine Grundvorstellung hervorheben sollte, um die Schüler nicht zu verwirren. Je nachdem, welche Grundvorstellung der Addition zum Zeitpunkt der Einführung der Subtraktion vorherrschend ist, empfiehlt sich die Konzentration auf die entsprechende Umkehroperation.

– Die **Umkehrung des Hinzufügens ist das Wegnehmen**: Die beiden Handlungen stehen in einem engen Zusammenhang, den die Kinder auf sehr natürliche Weise kennen lernen können. Beim Erzählen von Rechengeschichten und ihrer Übersetzung in Spielhandlungen stört es nämlich sehr, wenn die Spielgegenstände immer mehr werden.
  Beispiel: „Anja hat 5 Bonbons. Sie bekommt von der Mutter noch 3 und gibt ihrer Schwester 2 Bonbons ab. Dann isst sie 3 Bonbons …"
  Wenn sowohl Hinzufügen wie auch Wegnehmen genügend vertraut sind, macht auch die gleichzeitige Einführung zweier verschiedener Rechenzeichen keine Schwierigkeiten; sie sind ja eindeutig notwendig, um zwei verschiedene Handlungen verschieden zu beschreiben. Anders ist das, wenn die schriftliche Darstellung – wie das üblich ist – schon die ersten Rechenerfahrungen begleitet. Im diesem Fall ist es dringend geboten, die beiden Handlungen und die beiden Zeichen auseinander zu halten, um den Schülern lästige und für sie uneinsichtige Verwechslungen zu ersparen.

– Die **Umkehrung des Zusammenfügens ist das Bilden des Unterschiedes**: Diese Art der Umkehrung ist ein wichtiges Element in der Übungsphase zur Addition. Häufig vorkommende Übungsaufgaben benötigen eine neue Schreibweise, um anzuzeigen, auf welche Weise zu zwei gegebenen Zahlen eine dritte berechnet wird.
  Beispiel: $8 = 5 + \square$ (oder $5 + \square = 8$) sind Übungsaufgaben zur Addition, die ohne Verwendung des Subtraktionszeichens gelöst werden können. Andererseits erzeugen Aufgaben dieser Art häufig Probleme: Die beiden Zahlen 5 und 8 lösen zusammen mit dem Zeichen + leicht die Reaktion aus, eine Addition auszuführen, die als Ergebnis die Zahl 13 produziert.
  Eine Hilfe bei der Schulung des bewussten Lesens von Gleichungen besteht darin, dass die Kinder angeleitet werden, Gleichungen in eine möglichst gut verständliche Form umzuschreiben. Dabei hilft in diesem Fall die Einführung des Subtraktionszeichens:
  $8 - 5 = \square$ zeigt an, dass die Zahlen 8 und 5 *nicht* addiert werden sollen, sondern dass hier der Unterschied gesucht ist.

Üblich ist die Einführung in der Vorstellung des Wegnehmens. Spätestens in der gemeinsamen Übungsphase für Addition und Subtraktion kommen dann aber auch Umkehraufgaben wie oben vor, die eher zur Verwirrung als zur Klärung beitragen, wenn sie nicht konkret-anschaulich interpretiert und auch passend umformuliert werden. Dabei ist gar nicht auszuschließen, dass beide Grundvorstellungen benutzt werden müssen.

4.4 Grundvorstellungen der Multiplikation: mehrfache Addition – ein- und zweidimensional

Die Multiplikation ist eine *Rechenart zweiter Stufe*: Während der Addition und Subtraktion ursprüngliche Handlungserfahrungen zugrunde liegen, ist die Multiplikation zunächst nichts als die (symbolisch abgekürzt dargestellte) mehrfache Addition **(Vervielfachung)** gleicher Summanden. Ausschließlich Gründe der Schreibökonomie erzwingen die Einführung eines neuen Rechenzeichens:

$$5 + 5 + 5 + 5 + 5 + 5 + 5 \text{ (7 mal 5)} \text{ wird abgekürzt durch } 7 \cdot 5$$

Achtung: Die Vervielfachung *kürzt die Rechnung* zunächst *in keiner Weise ab* (es muss nach wie vor mehrfach addiert werden!), sondern sie erlaubt nur eine kürzere Schreibweise für den Rechenauftrag. Zu Beginn ist also die Multiplikation keine Vereinfachung, sondern sie bedeutet für die Schüler zusätzlichen Schreibaufwand und schafft ein Interpretationsproblem.

Im Gegensatz zur Addition und Subtraktion haben die beiden Faktoren eines Produktes in der Grundvorstellung *notwendigerweise* verschiedene Bedeutung:

$$7 \cdot \qquad 5$$

Operator   Zahl

5 ist „statisch" – eine gegebene Größe –, die durch den Operator (7-mal) verändert wird: Aus 5 wird 35!

Die Darstellung durch Mengen macht den Unterschied zwischen den beiden Faktoren besonders deutlich:

Dieser Bedeutungsunterschied erzeugt noch ein weiteres Problem. Die übliche **umgangssprachliche** Lesart eines Produktes versteht den ersten Faktor als Operator:

$$7 \cdot 5 \text{ wird gelesen als [7-mal] 5 oder } 5 + 5 + 5 + 5 + 5 + 5 + 5$$

Die bei Addition und Subtraktion erworbene Gewohnheit legt aber nahe, den zweiten Faktor als Operator zu lesen:

$$7 \cdot 5 \text{ ist dasselbe wie 7 [mal 5] oder } 7 + 7 + 7 + 7 + 7$$

Diese Interpretation entspricht zudem genau der Darstellung des Operators durch das „Maschinenmodell":

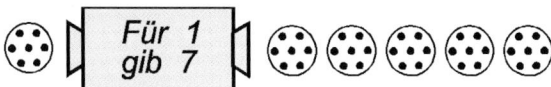

Für 1 gib 7

Das Problem erfordert besondere methodische Sorgfalt. Es genügt nicht einfach, die gewünschte Sprechweise einzuüben und die möglichen Verwechslungen zu verbieten (oder totzuschweigen). Der mögliche Konflikt zwischen verschiedenen Gewohnheiten und die daraus resultierende Verwirrung können so nicht vermieden werden! Den Schülern muss vielmehr deutlich werden, dass die gebräuchliche Formulierung eine Vereinbarung ist, eine Entscheidung zwischen verschiedenen Möglichkeiten. Diese Information ist – nicht nur an dieser Stelle – ein wichtiger Beitrag zum sinnerfassenden Lesen von (mathematischen) Texten.

Die verständige Auseinandersetzung mit der Schreibreihenfolge wird auch nicht dadurch überflüssig, dass die Faktoren eines Produktes bekanntlich vertauscht werden können (Kommutativgesetz). Diese Regel ist zu Beginn keineswegs selbstverständlich, wie die Punktmengen zum Beispiel $7 \cdot 5$ oben deutlich zeigen! Wer hier zu schnell und ohne echte Einsicht eine Analogie zur Addition herstellt (was dort richtig war, kann hier nicht falsch sein!), legt die Basis für viele voreilige Kurzschlüsse, mit denen Rechnungen immer möglichst „bequem" zurechtgelegt werden! (Beispiel ist die sehr verbreitete „Lösung" der Gleichung $5 + \square = 8$ durch Addition von 5 und 8.)

Übung

6. Zeichnen Sie auf einem Zahlenstrahl die Sprünge ein, die zum Produkt $7 \cdot 3$ gehören. Zeichnen Sie dann auch die entsprechenden Sprünge zum Produkt $3 \cdot 7$ ein! Wie erkennen Sie, dass beide Ergebnisse gleich groß sind (sein müssen)? Suchen Sie ein Produkt, bei dem leichter einzusehen ist, dass das Vertauschen der Faktoren das Ergebnis nicht beeinflusst.

Für die konkret-handelnde Darstellung der Vervielfachung gibt es zwei verschiedene Grundsituationen.

a) Die **zeitlich-sukzessive** Situation:
„Hans geht 4-mal in den Keller und holt jeweils 5 Flaschen."

Dabei wird das Gesamtergebnis erst im Verlauf eines Prozesses hergestellt (als 4. Glied in der Folge der Vielfachen der Ausgangszahl 5). Die Multiplikation entspricht dem schrittweisen Addieren.

b) Die **räumlich-simultane** Situation:
„In einem Getränkekasten stehen 4 Reihen mit je 5 Flaschen."

Die Gesamtmenge ist im Sinne einer Multiplikation (lauter gleich große Summanden) gegliedert. In vielen Fällen ist es günstig, für die räumliche Ordnung die Rechtecksdarstellung zu wählen.

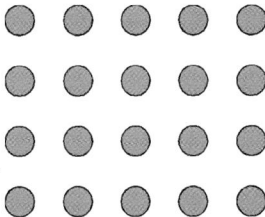

Achtung: Eine Multiplikation ist weder räumlich-simultan noch zeitlich sukzessive – auch nicht die bildliche Darstellung, sondern nur die Sachsituation, die durch eine Multiplikation rechnerisch erfasst werden kann. Für die Schüler ist die Übertragung von Sachsituationen in skizzenhafte Darstellungen und Rechnungen ebenso wichtig wie der umgekehrte Schritt: Jede Rechnung kann auf verschiedene Arten dargestellt und in Sachsituationen „eingekleidet" werden!

Der Grundvorstellung „Multiplikation ist **mehrfache Addition**" entspricht vorwiegend eine *lineare Darstellung*: die mehrfache Ausführung desselben Sprunges bzw. das Aneinanderfügen gleich langer Stäbe.

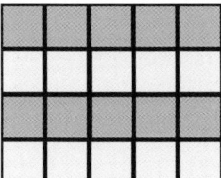

Diese lineare (eindimensionale) Vorstellung sollte zunehmend ergänzt und schließlich überwogen werden von der zweidimensionalen Anordnung in **rechteckiger Form**. Diese Darstellung hat viele methodische Vorteile!

- Sie ist bei größeren Faktoren **wesentlich übersichtlicher**.
- Sämtliche **Rechengesetze** für die Multiplikation können (z. B. durch geschicktes Gliedern des Rechtecks) direkt **veranschaulicht** werden. Besonders das **Kommutativgesetz** ist ganz offensichtlich.
- Sämtliche Rechenhilfen für die Multiplikation wie auch das Verfahren für die schriftliche Multiplikation sind in der Rechtecksvorstellung ausgesprochen plausibel.

Übung

7. Zeichnen Sie auf Karopapier ein Rechteck mit 12 · 15 Karos Inhalt. Bestimmen Sie möglichst systematisch die Gesamtzahl der Karos im Rechteck. Es gibt dafür verschiedene Möglichkeiten!

Die zweidimensionale Darstellung eignet sich auch sehr gut für eine Einführung der Multiplikation, bei der die Division als konkrete Handlung gleich mitgeübt wird. Die Aufgabe, größere Mengen von gleichartigen Objekten übersichtlich zu ordnen, führt fast zwangsläufig zu Ordnungen in Reihen und Spalten. Zum Notieren der Ergebnisse bietet sich dann die multiplikative Schreibweise an (siehe das Beispiel zum E-I-S-Prinzip in 4.1).

c) Neben der mehrfachen Addition gibt es noch das **kombinatorische Modell** für die Multiplikation.
Beispiel: „Auf wie viele Arten kann man 3 Lastwagen und 4 Anhänger zu einem Lastzug kombinieren?"

Die Lösung der Aufgabe erkennt man aus einer matrizenförmigen Übersicht, in der allerdings nicht die Lastwagen und Anhänger selbst eingeordnet werden können, sondern nur ihre bildlichen oder symbolischen Darstellungen.

	A1	A2	A3	A4
L1	L1/A1	L1/A2	L1/A3	L1/A4
L2	L2/A1	L2/A2	L2/A3	L2/A4
L3	L3/A1	L3/A2	L3/A3	L3/A4

Kombinatorische Aufgaben sind nicht zur Einführung der Multiplikation geeignet, sie taugen aber gut als Übungen, weil die Multiplikation als Lösungsweg sich nicht von allein versteht, sondern erst aus der systematischen (rechteckigen) Darstellung der Möglichkeiten erschließt. Die Verbindung von Produkten mit rechteckigen Anordnungen wird so durch Anwendungen gefestigt, die ganz anders strukturiert sind als die bald recht geläufigen Vervielfachungen.

Die zweidimensionale Darstellung eines Produktes hilft auch bei der Überwindung der Schwierigkeiten, die mit der Multiplikation als „abgeleiteter" Rechenoperation zweiter Stufe verbunden sind (s. o.). Beim Auszählen eines Rechtecksfeldes ist es unerheblich, ob die Reihen oder die Spalten addiert werden; höchstens praktische Gründe führen dazu, zwischen der Länge und der Breite eines Rechteckes zu unterscheiden. Die **beiden Faktoren** eines Produktes sind somit praktisch **gleichwertig**. Zumindest unterscheiden sie sich nicht in ihrer Interpretation, wie das bei der Vorstellung der verkürzten Addition unvermeidlich (und lästig) ist.

Über die zweidimensionale Grundvorstellung kann daher die Multiplikation auch als **zweistellige Rechenoperation** aufgefasst werden, was spätestens bei der Übung des Einmaleins wichtig wird: $4 \cdot 8$ ist ein Rechenbefehl (des Einmaleins), der 32 produziert – und bei dem die Faktoren gleichwertig sind.

Übung

8. *Durch (flächentreues) Umformen des zugehörigen Rechteckes können Sie zu einem Produkt andere mit gleichem Ergebnis finden. Sie können so (z. B.) zeigen, dass $4 \cdot 6$ ebenso groß ist wie $8 \cdot 3$ und $12 \cdot 2$.*
   Bei geeigneten (größeren) Faktoren können Sie so recht viele ergebnisgleiche Produkte finden: $36 \cdot 36 = 18 \cdot 72 = 12 \cdot 108 = 9 \cdot 144 = 6 \cdot 216 = \ldots$

4.5 Grundvorstellungen der Division: gerecht Verteilen oder Messen

Ebenso wie die Subtraktion zur Addition ist die Division die **Umkehrung der Multiplikation**. Ganz analog wie bei der Subtraktion bekommt man so zwei prinzipiell verschiedene Grundvorstellungen für die Division.

Zu der Multiplikationsaufgabe $\quad 4 \cdot 6 = \square$
gibt es zwei Umkehraufgaben: $\quad \square \cdot 6 = 24$ und $4 \cdot \square = 24$

Die beiden Aufgaben haben nicht nur verschiedene Ergebnisse (4 bzw. 6); bei einer Übersetzung in eine Sachsituation müssen die Ergebnisse auch verschieden gedeutet werden!

a) **Verteilen**: Frage nach der **Größe** der Portion

$3 \cdot \square = 18$

„18 Bonbons sollen an 3 Kinder gerecht verteilt werden: Wie viele Bonbons bekommt jedes Kind?"

b) **Aufteilen (Messen)**: Frage nach der **Anzahl** der Portionen

$\square \cdot 3 = 18$ bedeutet

„18 Bonbons werden in Tüten zu je 3 verpackt: Wie viele Tüten kann man füllen?"

Beide Aufgaben werden als Division in genau gleicher Weise notiert.

$$18 : 3 = \square$$

Der Divisionsschreibweise ist also ihre Deutung nicht anzusehen. Das Problem ist ganz analog zu dem bei der Subtraktion: wieder stehen zwei verschiedene Handlungen nebeneinander, die nur in Bezug auf das (Zahlen-)Ergebnis gleichwertig sind. Keine der Handlungen kann die einzige Grundvorstellung der Division sein, die in allen Fällen hilfreich ist. Denn einerseits kommen in konkreten Situationen beide Bedeutungen vor (s. o.) und andererseits können wie bei der Subtraktion beide Deutungen für die effektive Rechnung vorteilhaft sein:

48 : 4   48 kann leichter in 4 gleiche Teile als in Häufchen zu je 4 zerlegt werden.
96 : 32   Dass 32 genau 3-mal in 96 enthalten ist, sieht man schnell. Aber wie ist es, wenn 96 in 32 gleich große Teile zu zerlegen ist?

Die beiden Handlungsformen müssen immer wieder geübt und präsent gehalten werden. Den Zusammenhang zwischen den beiden Deutungen einer Division schafft wieder die Darstellung im Punktefeld. Besonders deutlich wird auf diese Weise, dass jede Aufgabe in beiden Interpretationen das gleiche (zahlenmäßige) Ergebnis hat.

24 : 4 = □   **24 : 4 =** □

24 Bonbons werden an **4** Kinder   24 Bonbons werden in Portionen
(in 4 gleich große Portionen) **verteilt**:   zu je **4** Bonbons **aufgeteilt**:

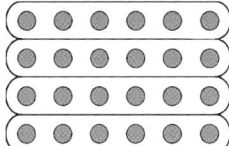 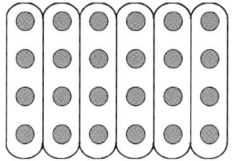

Jedes Kind bekommt **6** Bonbons.   Man bekommt **6** Portionen.

Übung

9. Formulieren Sie geeignete Textaufgaben zu beiden Grundvorstellungen für die Division 30 : 5 und zeichnen Sie jeweils eine passende Skizze.

Das kombinatorische Modell ist für die Umkehrung der Multiplikation nur sehr beschränkt brauchbar.

4.6 Notieren und Interpretieren: Erwerb der mathematischen Schriftsprache

Die in der Mathematik gebräuchliche Schrift ist ebenso abstrakt wie die Buchstabenschrift, mit der Umgangssprache notiert wird. Im Gegensatz zu dieser wird aber der mathematischen Textverarbeitung im Unterricht nur wenig Aufmerksamkeit gewidmet. Lediglich der Aufwand bei der Einübung der Zahlzeichen (Ziffern) ist vergleichbar mit der Mühe, die in das Schreiben von Buchstaben investiert wird. In der Folge werden die Elemente der mathematischen Schrift (Rechenzeichen, Gleichungen und Ungleichungen) eher beiläufig eingeführt und verwendet. Viele Schüler haben deshalb erhebliche Probleme, wenn sie mathematische Texte verstehen oder gar selbst gestalten sollen. Die meist eindeutig festgelegten Sprech- und Schreibweisen und die zugehörigen engen Problemkontexte lassen Interpretationen und Gedankenaustausch auch kaum zu.

Bei den Überlegungen zu den arithmetischen Grundvorstellungen wurde deutlich, dass die arithmetische Schriftsprache durchaus interpretationsfähig ist – und dass sich die Interpretation in der Regel nicht von allein versteht. Kompetenzen im Umgang mit der arithmetischen Schriftsprache können Kinder deshalb nur dann erwerben, wenn sie durchgängig zu einer verständigen Produktion arithmetischer Texte angehalten werden und wenn die Interpretation arithmetischer Texte von Anfang an Gegenstand des Unterrichts ist.

Arithmetische Texte enthalten im Wesentlichen

– Zahlwörter (**Terme**: 3; 345; 3 + 4; 15 – 3; (8 + 2) · 4 ...),
– Aussagen über Zahlwörter (**Gleichungen** und **Ungleichungen**: 2 + 4 = 6; 2 · 4 > 6; ...) und
– Aussageformen (Gleichungen und Ungleichungen mit **Variablen**: 2 + 4 = □; 2 · □ = 6; ...).

Die wichtigsten Charakteristika der arithmetischen Schriftsprache sind:

a) Jede **Ziffer** für sich ist schon ein Zahlwort und hat damit eine konkrete, sehr reichhaltige Bedeutung – im Gegensatz zu den Buchstaben. Die elementare Bedeutung von Ziffern wird durch die Zahlaspekte beschrieben (ausgenommen sind Rechen- und Codierungsaspekt).

b) Jede beliebige Kombination von Ziffern zu einer **Ziffernfolge** ergibt ein Zahlwort. Durch den Kombinationsvorgang entsteht ein prinzipiell unendliches System von Zahlwörtern, deren Bedeutung sich vorwiegend nicht mehr durch die ursprünglichen Zahlaspekte, sondern durch den Platz im Zahlsystem ergibt: Jede Zahl hat einen **Zahlwert**. Die Ermittlung des Zahlwertes entspricht also der zumindest gedanklichen Einordnung in einen Zahlenraum. Erschwerend kommt hinzu, dass bei der Bildung von Ziffernfolgen auch die Bedeutung der Ziffern sich verändert: Aus dem Ziffernwert wird ein Stellenwert.

Verständnis für den Wert von Zahlen setzt die sichere Orientierung in Modellen für verschiedene Zahlenräume voraus. Speziell die Einordnung auf Skalen und die Interpretation durch geläufige Größen (Geldwerte) muss dazu intensiv gefördert werden.

c) Ziffernfolgen können durch Verknüpfungszeichen recht beliebig zu **Termen** kombiniert werden. Zahlwörtern dieser Art ist ihr Zahlwert aber keineswegs sofort anzusehen. Dazu muss in der Regel durch Rechnen ein gleichwertiges Wort in Standardschreibweise (Ziffernfolge) gefunden werden. Voraussetzung für die Rechnung ist eine geeignete Interpretation, die erst die passende Rechenhandlung möglich macht.

Für die verständige Interpretation von Rechenaufträgen brauchen die Schüler die sichere Vertrautheit mit arithmetischen Grundvorstellungen. Diese Vertrautheit gewinnt man nur durch regelmäßigen Austausch zwischen den verschiedenen Repräsentationsmodi (nach Bruner) – und sei es nur dadurch, dass Rechnungen immer wieder durch kleine Rechengeschichten illustriert werden.

d) Jede Zahl kann prinzipiell durch unendlich viele Zahlwörter beschrieben werden. Die **Gleichwertigkeit von Termen** ist allerdings meist keineswegs offensichtlich. Der Vergleich von Termen geschieht nicht automatisch dadurch, dass Termen oft durch Rechnung ein Wert zugewiesen wird. Solange jeder solche Vorgang isoliert abläuft, bekommen die Schüler keine Anleitung, wie der unendliche und unüberschaubare Bereich der möglichen Rechenfälle geordnet werden kann. Nötig sind Aufgabenstellungen wie
   - Aufsuchen von Rechnungen mit gleichem Ergebnis (8 + 5 = 9 + 4 = ...),
   - Rechnen auf verschiedenen Wegen und Notieren aller Rechenschritte,
   - Vergleichen von „echten" Termpaaren (8 + 5 + 3 □ 12 + 4),
   - Ordnen größerer Ansammlungen von Termen: („Ordne der Größe nach!", „Welche Aufgaben haben das gleiche Ergebnis?").

e) Variable – Leerstellen in Termen – sind schon von Beginn an kaum zu vermeiden, wenn Arithmetik mehr sein soll als mechanisches Einüben von „Rechensätzen". Nur diese Einschränkung erlaubt die leider verbreitete Praxis, eine schriftlich notierte Aufgabe als eindeutigen Rechenauftrag zu verstehen, die nötige Rechnung ausschließlich im Kopf auszuführen und lediglich noch das Ergebnis mitzuteilen. Schüler nennen häufig auf eine mündlich gestellte Aufgabe lediglich die Ergebniszahl, antworten also nur mit einem Wort und nicht mit einem Satz. Wenn sie angehalten werden ihre Rechnung schriftlich festzuhalten, erscheint ihnen das Gleichheitszeichen zwischen Aufgabe und Ergebnis häufig überflüssig – alles Zeichen dafür, dass sie den Sinn eines mathematischen Textes als vollständige Wiedergabe eines mathematischen Vorganges kaum erfassen.

Insbesondere wird die Funktion eines Textes als Hilfe bei der Ordnung von Gedanken, d. h. bei der **Planung eines Rechenvorganges**, im Unterricht selten bewusst gemacht. Dazu brauchen die Schüler das konsequente Vorbild der Lehrerin, die ihnen zeigt, dass man einen Text nicht erst dann schreiben kann, wenn er im Kopf fertig ist. Unvollständige Texte – Lückentexte – sind wirkungsvolle Aufforderungen zu einer aktiven Handlung, die zum sinnvollen Ausfüllen der Lücken führt. Arithmetische Lückentexte sind (Un-)Gleichungen mit Variablen. In dieser Auffassung verlieren viele Gleichungen, die sonst die Schüler sehr verwirren, ihren Schrecken. Insbesondere sollte man die Schüler anhalten, nicht immer nur sofort eine „Lösung" zu produzieren, sondern auch das *probierende* Ausfüllen der Lücken *als zulässige Strategie* zu akzeptieren.

Gleichung	Interpretation
$8 + 5 = \square$	8 und 5 ergeben zusammen – wie viel?
$8 + \square = 12$	Zu 8 kommt eine Zahl hinzu; insgesamt sind es 12.
$12 = 8 + \square$	12 wird zerlegt; ein Teil ist 8.
$12 + 5 = 10 + \square$	Eine Zahl ist in 12 und 5 zerlegt. Bei einer anderen Zerlegung ist ein Teil 10.

Vertrautheit mit der mathematischen Sprache erreicht man nur durch aktiven und selbstständigen Gebrauch, nicht durch Einüben einzelner vorgefertigter Sprachpartikel. Ganz besonders muss der tastende, experimentelle Umgang gefördert werden! Ein Kind, das eine möglicherweise unsaubere eigene Formulierung benutzt, sagt viel mehr und lernt mehr als eines, das gar nichts sagt oder nur etwas nachplappert, was es von der Lehrerin gehört hat.
Zur Ausbildung von mathematischer Sprachfähigkeit und sicherem Gebrauch der mathematischen Schrift gehört auch das spielerische Experimentieren mit mathematischen Aufgaben und damit das Ausloten der Ausdrucksmöglichkeiten der Sprache.
Beispiel: Aus der mit Kärtchen gelegten Gleichung

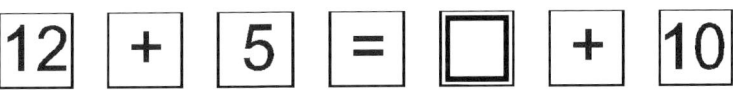

können durch Umlegen 72 korrekte Gleichungen gebildet werden. 36 davon sind lösbar (in der Menge der natürlichen Zahlen).

5. Das Einmaleins

Das Einmaleins bestimmt einen sehr großen Teil des Mathematikunterrichts in Klasse 2 und darüber hinaus ganz entscheidend das Bild von Mathematik, das im Unterricht vermittelt wird. Das „kleine Einmaleins" wird in allen möglichen Bereichen als stehende Redewendung synonym zu den absolut notwendigen Grundfertigkeiten benutzt. Es gibt wohl kaum Zweifel daran, dass Fertigkeiten im Einmaleins zu den grundlegenden Kulturtechniken zu rechnen sind – und daran, dass diese Fertigkeiten nur durch intensive Übung erworben werden können. Beim Einmaleins passiert also eine entscheidende Weichenstellung für das Verhältnis der Schüler zur Mathematik: Wer hier lernt, dass Auswendiglernen **alles** ist, weil man **nur so** zu Erfolgserlebnissen kommen kann, wird diese Erwartungshaltung nur ungern wieder aufgeben.

Ganz klar: **Mechanisierung** beim Einmaleins ist wichtig und notwendig – aber nur,
– wenn sie **Mut** macht, weil sie erkennen lässt, dass das zu bewältigende Pensum überschaubar ist,
– wenn sie den Kontakt zu konkreten **Grundvorstellungen** und damit zur realen Erfahrungsbasis nicht abbricht,
– wenn sie das **Verständnis** für die inneren Strukturen fördert (Wie kann ich besonders leicht auswendig lernen?),
– wenn sie **Sinn** hat, weil deutlich wird, dass sich die Mühe lohnt – d. h., dass das Einmaleins wirklich Grundlage für viele weitere Rechnungen ist.

5.1 Die Einführung einzelner Einmaleinsreihen

Die Multiplikation ist zunächst – unabhängig von ihrer Veranschaulichung – keine eigenständige Rechenoperation; ein Produkt ist nur eine formale Schreibweise für eine mehrfache Addition. Folglich wird der Wert eines Produktes auch über längere Zeit ausschließlich durch zunehmend sicheres und effektives Weiterzählen in größeren Schritten ermittelt – **Produkte sind** zuerst **Glieder von Einmaleinsreihen**! Das Einmaleins setzt sich aus allen Einmaleinsreihen zusammen; erst die Beherrschung aller Einmaleinsreihen macht die Multiplikation zu einer selbstständigen Rechenoperation.

Es gibt verschiedene Möglichkeiten, die Einmaleinsreihen einzuführen. Der Zugang setzt jeweils einen besonderen Schwerpunkt in der Behandlung des Einmaleins.

1. Zugang: Vielfachmengen

Die Einmaleinsreihen werden *nacheinander* aufgebaut. Dafür gibt es ein recht einheitliches methodisches Grundschema.

1. Schritt: Die Ergebnisse der Reihe durch **sukzessive Addition** ermitteln:

– Aufgaben aus einheitlichem Sachzusammenhang (z. B.: Anzahl der Räder bei Autos)
– Zahlmodelle benutzen (z. B. gleich lange Stäbe hintereinander bzw. nebeneinander legen und abzählen)
– Folge der Rechnungen und Ergebnisse notieren

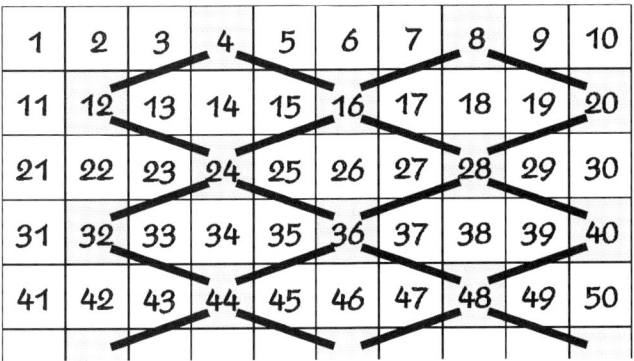

2. Schritt: Die Ergebnisse (und die Aufgaben) **ordnen**:

– Karten mit den Zahlen einer Einmaleinsreihe und Karten mit den zugehörigen Aufgaben ordnen
– Zahlen verbinden (im Hunderterfeld kennzeichnen)

1	2	3	4	5	6	7	8	9	10
11	12	13	14	15	16	17	18	19	20
21	22	23	24	25	26	27	28	29	30
31	32	33	34	35	36	37	38	39	40
41	42	43	44	45	46	47	48	49	50

3. Schritt: Reihen auswendig **lernen**:

– Reihen einprägen: vorwärts und rückwärts aufsagen
– Reihen als geordnetes Ganzes einprägen: Reihenglieder nach verschiedenen Regeln aufsagen (z. B.: erstes – letztes – zweites – vorletztes – ... Glied)
– Ergebnisse einzeln ermitteln: Aufgaben zufällig stellen, z. B. durch Würfeln des Multiplikators
– Mechanisierende Übungen (s. Kap. 6)

In einzelnen Fällen nutzt man die Beziehungen zwischen zwei verwandten Reihen wie der 2-Reihe und der 4-Reihe aus, um die Ergebnisse einer neuen Reihe aus denen einer schon bekannten Reihe abzuleiten. Solche verwandten Reihen werden auch im Zusammenhang geübt.
Übliche (nicht verbindliche!) **Reihenfolge** der Einmaleinsreihen in Klasse 2:
2- und 4-Reihe, dann 5- und 10-Reihe, dann 3-Reihe.

Übungen

1. Die Beziehung zwischen verwandten Reihen kann viel besser ausgenutzt werden, wenn die Reihen prinzipiell über die ersten 10 Glieder hinaus fortgesetzt werden. Zeigen Sie das für das Beispiel der 2- und der 4-Reihe!

2. *Tragen Sie in das Hunderterfeld (machen Sie sich zuvor Kopien!) die Muster der verschiedenen Einmaleinsreihen ein. Vergleichen Sie die Muster: Gibt es Verwandtschaften?*

3. *Nennen Sie Gründe für und gegen*
   - *eine Behandlung der 3- und der 9-Reihe im Zusammenhang,*
   - *eine Behandlung der 9-Reihe vor der 3-Reihe.*

Die getrennte Behandlung der einzelnen Einmaleinsreihen beruht auf dem **Prinzip der Isolierung der Schwierigkeiten**. Jeweils klar abgegrenzte „Lernportionen" sollen Überforderung verhindern.

2. Zugang: Rechteckige Punktmengen

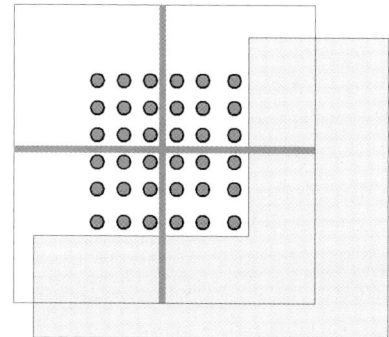

Hier steht die Verbindung von Rechnung und Anschauung (Grundvorstellung) im Vordergrund. Im **Punktefeld** sind alle Einmaleinsaufgaben enthalten – und können deshalb miteinander verglichen und verschieden strukturiert werden.

Vorgehen: Mit dem Winkel können beliebige Rechtecksfelder abgedeckt werden; die Folie mit dem Linienkreuz dient zur Unterteilung.

Durch *Bewegen des Winkels* verändern sich die Aufgaben (und nicht jede Aufgabe muss neu berechnet werden); durch Bewegen des Linienkreuzes verändert sich die Zerlegung der Aufgabe.

Dieser Zugang richtet sich auf ein **ganzheitliches Erfassen** des Einmaleins und setzt die Beziehungen zwischen den Einmaleinsaufgaben bewusst als Strukturierungs- und damit als Lernhilfe ein. Die Einmaleinsreihen entstehen durch Einengung des (fast unüberschaubaren) Übungsfeldes: Wenn der Winkel ausschließlich waagerecht oder senkrecht bewegt wird, bekommt man eine Einmaleinsreihe im Zusammenhang. Im Gegensatz zum (üblichen) ersten Zugang sind so die Einmaleinsreihen als Lernportionen nicht vorgegeben, sondern bewusst ausgewählt.

Übung

4. *Im Bild oben ist das Produkt 6 · 6 durch das Folienkreuz auf besonders einfache Weise in eine Summe aus 4 Produkten zerlegt: 6 · 6 = 3 · 3 + 3 · 3 + 3 · 3 + 3 · 3. Es gibt viele solche Zerlegungen (auch in zwei Produkte). Versuchen Sie, eine möglichst vollständige Übersicht über alle Zerlegungen zu gewinnen. Kennzeichnen Sie Zerlegungen, die Ihnen besonders günstig erscheinen, um den Wert des Produktes einfach ermitteln zu können.*

3. Zugang: Vielfache als spezielle Zahlen

Bei der Anordnung der Zahlen in gleich langen Reihen (z. B. in „Zahlenteppichen" – Anlage 5) bekommt man die so genannten **Restklassen** (Klassen restgleicher Zahlen). Sie stehen in den Zahlenteppichen untereinander. Die Vielfachen einer Zahl bilden eine spezielle Restklasse (Rest 0!); sie bildet den rechten Rand eines Zahlenteppichs.

1	2	3
4	5	6
7	8	9
10	11	12
...		

1	2	3	4	5
6	7	8	9	10
11	12	13	14	15
16	17	18	19	20
...				

1	2	3	4	5	6	7	8
9	10	11	12	13	14	15	16
17	18	19	20	21	22	23	24
25	26	27	28	29	30	31	32
...							

Zu einer Restklasse gehören alle Zahlenpunkte, die von einer Stelle auf dem Zahlenstrahl aus durch immer gleich große Sprünge erreicht werden können. Durch einen solchen Sprung kommt man in dem Zahlenteppich genau um eine Zeile tiefer bzw. höher.

Zahlenteppiche haben gegenüber den isolierten Einmaleinsreihen den Vorteil, dass sie die Vielfachen einer Zahl in den Zusammenhang des ganzen zur Verfügung stehenden Zahlenraumes einbetten, wie das auch bei der Kennzeichnung einer Einmaleinsreihe im Hunderterfeld der Fall ist. Darüber hinaus bekommt aber auch der ganze Zahlenraum eine neue, zum aktuellen Thema passende Ordnung. Gebräuchlichster Spezialfall für einen Zahlenteppich ist das **Hunderterfeld**! In ihm ist die Reihe der Zehnerzahlen sofort sichtbar. Aber nicht nur die Zehnerspalte ist sehr nützlich: in allen Spalten können die Schüler die einfache Regel für die Addition (Subtraktion) von 10, 20, ... kennen lernen.

Weiterer bekannter Sonderfall: Einteilung der Zahlen in **gerade** und **ungerade** (bei 2 Spalten).

Übung

5. *Im Zahlenteppich mit 6 Spalten stehen alle geraden Zahlen genau in 3 der 6 Spalten. Gibt es noch andere Einmaleinsreihen, die ganze Spalten in diesem Zahlenteppich füllen?*

6. *Tragen Sie einzelne Einmaleinsreihen in die Zahlenteppiche mit 5 bzw. 6 Spalten ein und vergleichen Sie die Muster, die sich dabei ergeben.*

Anmerkung zu allen Zugängen:

Es ist üblich, die Einmaleinsreihen jeweils auf die ersten 10 Glieder (die zum kleinen Einmaleins gehören) zu beschränken. Diese Beschränkung ist in Bezug auf die Eingrenzung der Übung sicher auch begründbar, aber trotzdem als problematisch zu beurteilen:

- Einmaleinsreihen entstehen durch systematisches Addieren (Weiterzählen in gleich großen Schritten). Zählübungen sind prinzipiell auf unendliche Dauer angelegt. Einzige einsichtige Grenze ist die des aktuellen Zahlenraumes (100).
- Bei größeren Zahlen wird der Vorgang erst wirklich interessant und eine nützliche Übung für die Addition im Hunderterraum.
- Die Begründung für die Übung genau der ersten 10 Glieder einer Einmaleinsreihe liegt darin, dass sich ihre Ordnung später immer wiederholt. Das kann man aber erst sehen, wenn die Reihe länger fortgesetzt wird.
- Ebenso wie die Wiederholung nach immer 10 Gliedern sind auch die verschiedenen Strukturen der Einmaleinsreihen nicht an den ersten 10 Gliedern ablesbar.

Folgerung: Die Einmaleinsreihen sollten durchaus über die ersten 10 Glieder hinaus fortgesetzt werden. Gleichzeitig muss aber deutlich gemacht werden, dass sich der *zu übende* Bereich eben auf den Bereich des kleinen Einmaleins beschränkt!

5.2 Zusammenhänge als Lernhilfen

Die Einmaleins-Tafel (Anlage 7) zeigt eine Fülle von Zusammenhängen im Einmaleins, die für den systematischen Ausbau der Rechensicherheit hilfreich sind.

a) **Zusammenhänge innerhalb einzelner Reihen**
- Aufbau einer Reihe aus den „**Kernaufgaben**":

$$\mathbf{1} \cdot 4 = 4 \qquad \mathbf{2} \cdot 4 = 8 \qquad \mathbf{5} \cdot 4 = 20 \qquad \mathbf{10} \cdot 4 = 40$$

4	**8**	12	16	**20**	24	28	32	36	**40**

Daraus können alle Ergebnisse der Reihe durch Addition, Subtraktion bzw. Verdoppeln bestimmt werden. Bsp.: $7 \cdot 4 = (5 \cdot 4 + 2 \cdot 4 = 20 + 8 =)\ 28$.

b) **Zusammenhänge zwischen einzelnen (verwandten) Reihen**
- *Verdoppelung der Reihenzahl:*

Jede zweite Zahl der 4-Reihe ist eine Zahl der 8-Reihe.

4	**8**	12	**16**	20	**24**	28	**32**	36	**40**
	8		16		24		32		40

Die gleiche Beziehung besteht zwischen den Zahlen der 2- (3- bzw. 5-)Reihe und denen der 4- (6- bzw. 10-)Reihe. So bekommt man allerdings nur jeweils die ersten 5 Glieder der neuen Reihe!

- *Verdoppelung der Ergebnisse:*

Aus der 2-Reihe wird die 4-Reihe.

2	4	6	8	10	12	14	16	18	20
4	8	12	16	20	24	28	32	36	40

– *Nachbar-Reihen:*

Nach der 2-Reihe

kommt die 3-Reihe

und dann die 4-Reihe

2	4	6	8	10	12	14	16	18	20
3	6	9	12	15	18	21	24	27	30
4	8	12	16	20	24	28	32	26	40

Die Zahlen benachbarter Reihen unterschieden sich immer um 1, 2, 3, ...!

– Die *Summe zweier Reihen* ergibt wieder eine Reihe:

2	4	6	8	10	12	14	16	18	20
5	10	15	20	25	30	35	40	45	50
7	14	21	28	35	42	49	56	63	70

c) Zusammenhänge zwischen Einmaleinsaufgaben

– **Nachbaraufgaben** (Distributivgesetz)
Mit $5 \cdot 4 = 20$ sind auch $4 \cdot 4 = 16$ und $6 \cdot 4 = 24$ bekannt.
Grundvorstellung: Einteilung eines Rechtecks

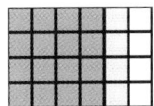

– die **Tauschregel** (Kommutativgesetz)
Vor der Erarbeitung der 3-Reihe sind schon bekannt: $3 \cdot 2 = 6$; $3 \cdot 4 = 12$; $3 \cdot 5 = 15$; $3 \cdot 10 = 30$. Damit hat man durch Vertauschen schon 4 Ergebnisse der 3-Reihe.

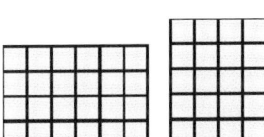

– **Quadratzahlen**
Die Quadratzahlen können ebenfalls als Kernaufgaben dienen, weil sich um sie viele Einmaleinsergebnisse gruppieren:

Wegen $7 \cdot 7 = 49$
ist $\quad 6 \cdot 8 = 49 - 1 = 48$ und $5 \cdot 9 = 49 - 4 = 45$ ...!

Diese erstaunliche und nützliche Regel (binomische Formel!) erkennt man durch den Vergleich von Rechtecken mit Quadraten.

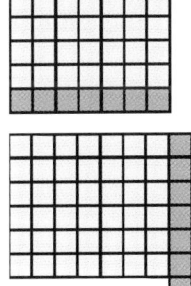

All diese und noch weitere Zusammenhänge zeigen die Einmaleins-Tafel sowie der Einmaleins-Plan, wie ihn Müller und Wittmann vorschlagen (s. „Handbuch produktiver Rechenübungen").

Übung

7. In der Hauptdiagonalen der Einmaleins-Tafel stehen die Quadratzahlen. Die Symmetrie zu dieser Hauptdiagonalen veranschaulicht das Kommutativgesetz. Zeigen Sie das für einige typische Beispiele!

8. Zeigen Sie in der Einmaleins-Tafel anhand von Beispielen die binomische Formel $(a - 2) \cdot (a + 2) = a \cdot a - 2 \cdot 2$. Wie überzeugen Sie sich anhand Ihrer Beispiele, dass die Formel auch für alle anderen Beispiele (auch über die Einmaleins-Tafel hinaus!) „stimmt"?

Beim Einmaleins steht die Übung ganz deutlich im Vordergrund – noch deutlicher als bei anderen Themenstellungen, weil der Umfang des zu erwerbenden formalen Wissens besonders groß ist. An dieser Stelle dürfte es deshalb angebracht sein, sich der Übung im Mathematikunterricht ausführlicher zuzuwenden.

6. Übungsformen für das Einmaleins

Im Mathematikunterricht hat die Übung einen besonders hohen Stellenwert, weil die zu erlernenden Begriffe und Verfahren durchwegs einen umfangreichen Abstraktionsprozess benötigen. Die Art und Weise, in der die mathematischen Inhalte durch die Übung im Gedächtnis verankert werden, entscheidet in hohem Maße über das Bild von Mathematik, das den Schülern vermittelt wird und das ihr Verhältnis zum Fach in späteren Schuljahren und über die Schule hinaus prägt. Der Übung sollte deshalb besondere didaktische und methodische Aufmerksamkeit gelten.

Es gibt sehr verschiedene Formen der Übung. Besonders verbreitet ist das mechanisierende Üben, bei dem ein durch die Einführung beschriebener Inhalt durch wiederholte Aktivierung vor allem der zugehörigen formalen Regeln und Verfahren möglichst stabil eingeprägt werden soll. Das operative Üben geht dagegen davon aus, dass mathematische Inhalte durch die Einführung höchstens angerissen werden können und dass die eigentliche Begriffsbildung erst durch systematische Erschließung des zugehörigen Erfahrungsraumes geschehen kann. Die Vorstellung des produktiven Übens geht schließlich davon aus, dass Üben nicht nur den ganzen Lernprozess durchdringen, sondern dass es auch immer über den aktuell zu übenden Inhalt hinausweisen soll.

6.1 Produktive Übung

Das Konzept des produktiven Übens wird von E. C. Wittmann im Band 2 des „Handbuchs produktiver Rechenübungen" beschrieben. Danach ist die Übung einerseits eine Phase im Lernprozess, den Wittmann in Einführung, Übung, Anwendung und Erkundung gliedert. Andererseits durchdringen sich alle vier Phasen; speziell enthält auch die Phase der Einführung Elemente der Übung (eines zuvor behandelten Inhaltes), und auch die Anwendung wie die Erkundung des Umfeldes eines Lerninhaltes dienen der weiteren Übung und Festigung. Speziell geht das Konzept davon aus, dass ein mathematischer Lernprozess nicht durch Übung abgeschlossen und „gesichert" werden kann, sondern dass Lernen ein dynamischer Prozess ist, in dem Sicherung kein Selbstzweck, sondern Basis für weitere Lernprozesse ist.

Die produktive Übung als umfassendes Übungskonzept unterscheidet verschiedene Übungstypen.

a) Grad der Strukturierung

– **Unstrukturierte Übungen** wählen Aufgaben einer Aufgabenserie willkürlich aus. Sie geben in erster Linie Rückmeldung darüber, inwieweit die zu übende Fertigkeit bereits gesichert ist; eine zusätzliche Sicherung kann über das Wiedererkennen und wiederholte Wahrnehmen möglich sein.

Besonders typische unstrukturierte Übungen sind Übungsspiele, bei denen Aufgaben über Zufallsgeneratoren (Ziehen von Zahlen- oder Aufgabenkarten, Würfeln von Aufgabendaten) ausgewählt werden.

Beispiel: Beim Einmaleins-Rio werden Zahlenkarten mit den Ergebnissen einer Einmaleinsreihe, z. B. der Siebener-Reihe, ausgelegt.

| 7 | 14 | 21 | 28 | 35 | 42 | 49 | 56 | 63 | 70 |

Die Schüler einer Spielgruppe würfeln reihum mit einem Zehner-Würfel den Faktor, mit dem die Zahl 7 zu multiplizieren ist, und belegen die entsprechende Ergebniszahl – sofern sie noch frei ist – mit einem farbigen Plättchen.

– **Strukturierte Übungen** beziehen Aufgaben durch einen ganzheitlichen Strukturzusammenhang aufeinander. Dabei können die Lösungswege und die Ergebnisse sich gegenseitig stützen und korrigieren.

Für strukturierte Übungen zum Einmaleins bietet sich besonders das Punktefeld an, in dem alle Einmaleinsaufgaben gleichzeitig und unmittelbar vergleichbar angeordnet sind. Aber auch Aufgaben mit Zahlenkarten können strukturiert sein, wenn die Schüler aus dem Kartenvorrat bewusst auswählen müssen, um eine gegebene Aufgabe möglichst gut erfüllen zu können. Bei der Auswahl muss immer ein Vergleich mit vielen anderen Möglichkeiten vorgenommen werden.

Beispiel: Beim Übungsspiel „Hundert gewinnt" wählt jeder Schüler reihum aus einem offen ausgelegten Vorrat von Karten zwei aus, deren Produkt jeweils zu einer schon gebildeten Summe addiert wird. Gewonnen hat, wer mit einem Produkt die Zahl 100 entweder genau erreicht oder ihr so nahe kommt, dass jedes weitere Kartenpaar über 100 hinausführen müsste.

b) Grad der Formalisierung

– **Gestütztes Üben** verbindet formale Übungen mit Operationen in anschaulichen oder konkreten Modellen. Nach dem Prinzip des intermodalen Transfers vertiefen solche Übungen anschauliche Assoziationen, die mathematische Formalismen gegen Verwechslungen absichern und mit konkret fassbarem Sinn füllen sollen.

Beispiel: Abtrennen von Rechtecken im Punktefeld und Zerlegen mit dem Folienkreuz.

– **Formales Üben** versucht auf der rein symbolischen Ebene einen gesicherten Handlungszusammenhang zu schaffen, damit den Schülern der Umgang mit den formalen mathematischen Sprachelementen vertraut wird.

Beispiel: Bei Spaziergängen in der Einmaleins-Tafel stehen neben den einzelnen Ergebnissen der Einmaleinsaufgaben vor allem die Übergänge (Unterschiede) zu den benachbarten Einmaleinsergebnissen im Zentrum der Aufmerksamkeit.

c) Art der Strukturierung

- **Problemstrukturierte Übungen** siedeln die Aufgaben einer Serie im Umfeld eines Problems an, das mithilfe der Übungen besser durchschaut oder gar gelöst werden kann.
  Beispiel: „Versteckte Einmaleinsreihen":
  Die Zahlen einer Einmaleinsreihe (hier der 6-Reihe) – und nur diese – ergeben sich bei der folgenden Übung:
  (1) Auswahl einer beliebigen zweistelligen Zahl
  (2) Zehnerziffer mal 4 plus Einerziffer
  (3) Das Ergebnis wird von der gewählten Zahl abgezogen.
- **Operativ strukturierte Übungen** variieren die Daten einer Aufgabenserie systematisch und betrachten den Zusammenhang der Ergebnisse (s. 6.2).
- **Sachstrukturierte Übungen** dienen dazu, einen konkreten Sachzusammenhang durch die Bearbeitung zugehöriger mathematischer Aufgaben besser zu verstehen.
  Beispiel: Beim Legen von regelmäßigen Mustern mit farbigen Plättchen ist die Gesamtzahl der benötigten Plättchen immer ein Vielfaches der Plättchenzahl, die für eine „Grundfigur" des Musters benötigt wird.

d) Zugang zur Struktur der Übung

- **Reflektives Üben**: Erst bei der Durchführung der Übungen wird ihr innerer Zusammenhang mehr und mehr erkennbar.
  Beispiel: Die Differenz einer zweistelligen Zahl und ihrer „Spiegelzahl" ist immer ein Vielfaches von 9 (z. B. $62 - 26 = 36 = 4 \cdot 9$).
- **Immanentes Üben**: Das Übungsziel, die zu festigende Struktur, ist von vornherein bekannt und begründet Art und Auswahl der Übungsaufgaben.
  Beispiel: Die Zahlen einer Einmaleinsreihe werden im Hunderterfeld und in einigen Zahlenteppichen eingetragen und zu einem Muster verbunden.

Das Konzept des produktiven Übens umfasst also eine Vielzahl möglicher Übungsformen; es gibt jedoch ganz eindeutig der strukturierten Übung den Vorzug. Betrachtet man den Übungsgegenstand, die Mathematik und hier speziell das Einmaleins, so ist das nur konsequent. Mathematik ist ja gerade die Lehre von den (formalen) Strukturen, die sich dem Lernenden nur erschließen, wenn die Lernerfahrungen selbst strukturiert sind und dadurch strukturierend wirken, d. h., wenn sie dabei helfen, Strukturen aufzubauen. Das Einmaleins mit seinen 100 Aufgaben braucht ganz selbstverständlich einfache Strukturen als wirkungsvolle Merk- und Orientierungshilfe. Schließlich steht das Einmaleins nicht isoliert in der

Landschaft der Schulmathematik, sondern es vermittelt eine notwendige Grundtechnik und wichtige arithmetische Strukturierungen für das Rechnen mit Zahlen, die den Zahlenraum des 2. Schuljahres weit übersteigen.

6.2 Operative Übung

Im Mathematikunterricht haben solche Übungen ganz besondere Bedeutung, die den mathematischen Zusammenhang der Lernerfahrungen betonen. So selbstverständlich das klingt, so wenig üblich ist es in der Praxis. Weil mathematische Strukturen als sehr abstrakt angesehen werden, glaubt man sie Kindern vor allem in der Grundschule nicht zumuten zu können. Abstrakt ist bei vielen mathematischen Strukturen und Gesetzen nur die Begrifflichkeit, nicht die Einsicht in ihren Inhalt, die sich den Kindern ganz konkret erschließen kann. Dazu müssen allerdings die Übungen so angelegt sein, dass nicht die einzelne Aufgabe im Vordergrund steht, sondern das Umfeld einer Aufgabe und besonders der Übergang von einer Aufgabe zu ihren Variationen.

Übungen in diesem Sinne heißen **operativ** bzw. operativ strukturiert. Operative Übungen sollen **bewegliches Denken** ausbilden. Grundlage ist die Idee, dass geistige Schemata nicht durch isolierte Einzelhandlungen, sondern durch vernetzte Handlungen (Aufgaben) ausgebildet werden. Aufgaben sollen deshalb nicht isoliert, sondern in einem **sinnvollen Zusammenhang** behandelt werden.

Das Konzept des operativen Übens bzw. des **operativen Durcharbeitens** stützt sich vorwiegend auf lernpsychologische Erkenntnisse von **Jean Piaget**. Danach organisieren sich geistige Operationen zu Systemen **(Gruppierungen)**, die beweglich und flexibel sind. Der Unterricht muss deshalb entsprechende Übungen anbieten. Die wesentlichen Eigenschaften einer Gruppierung sind

- *Kompositionsfähigkeit:* Die Operationen können zu komplexeren Operationen (aus der gleichen Gruppierung) zusammengesetzt werden.
  Beispiel: „Kernaufgaben" als Basis, aus der alle Produkte aufgebaut werden können.
- *Assoziativität:* Operationen können auf verschiedene Weisen aus einfacheren Operationen zusammengesetzt werden.
  Beispiel: Zerlegen von Produkten mit dem Folienkreuz; Zerlegen eines größeren Sprunges in mehrere kleinere (Multiplikation mit 8 entspricht dreimaligem Verdoppeln).
- *Reversibilität:* Operationen können umgekehrt werden.
  Beispiel: Zum Vervielfachen gehört immer auch das Teilen.
- *Existenz identischer Operationen:* Es gibt Operationen, die eine Situation nur neu ordnen.
  Beispiel: Die Multiplikation mit 1 als Grenzfall wird zunächst nicht als Vervielfachung angesehen: Als Abkürzung mehrfacher Additionen ist dieser Fall ohne Sinn. Erst innerhalb des Systems aller möglichen Einmaleinsaufgaben (Abtesten des „Randes" der Einmaleins-Tafel) drängt sich diese Aufgabe auf.

Den charakteristischen Eigenschaften einer Gruppierung entsprechen die wichtigsten Typen operativer Aufgabenstellungen.

a) **Probe-** bzw. **Umkehraufgaben** (→ Reversibilität) kehren die übliche Denkrichtung um.
– **Probeaufgaben** überprüfen ein bereits erzieltes Ergebnis ($8 \cdot 7 = 56$) durch Ausführen der entsprechenden Umkehroperation: $56 : 7 = \square$
– **Umkehraufgaben** drehen bei äußerlich gleicher Aufgabenstellung die Denkrichtung um: $8 \cdot \square = 56$ bzw. $\square \cdot 7 = 56$
  Beide Aufgabentypen stellen **Operation** und **Umkehroperation** in einen Handlungszusammenhang (u. a. wird deutlich, dass es *zwei verschiedene* Umkehroperationen zur Multiplikation gibt: Verteilen und Messen!).
  Besonders wichtig als Umkehraufgabe zum Einmaleins ist der Weg vom Ergebnis zur Aufgabe: Gibt es eine (oder mehrere) Einmaleinsaufgabe(n) mit dem Ergebnis 24 (25, 26, 27, ...)?

b) **Umwegaufgaben** (→ Assoziativität, Kompositionsfähigkeit)
  Umwegaufgaben zeigen, dass eine Rechnung prinzipiell auf verschiedene Weisen durchgeführt werden kann. Es geht dabei nicht darum, ein Ergebnis möglichst schnell zu erzeugen, sondern die möglichen **Wege zum Ergebnis** zu **erproben** und zu vergleichen:
  Beispiel: $9 \cdot 8 = 10 \cdot 8 - 8 = 8 \cdot 8 + 8 = 5 \cdot 8 + 4 \cdot 8 = 3 \cdot 3 \cdot 8 = ...$
  Verschiedenste mögliche Zerlegungen von Einmaleinsaufgaben in mehrere einfachere Aufgaben gleicher Art findet man leicht mit dem Folienkreuz und dem Punktefeld.
  Rechnen heißt immer, komplexe Aufgaben in mehrere (einfache) Schritte zu zerlegen. Mathematisch relevante *Rechensicherheit* besteht vor allem darin, aus verschiedenen Rechenwegen zunehmend routiniert einen besonders geschickten auszuwählen (die schriftlichen Rechenverfahren sind nichts anderes als die verkürzte Schreibweise solcher besonders zweckmäßiger Rechenwege). Das Rechnen über Umwege vermittelt deshalb die *zentrale arithmetische Erfahrung*, die zu fördern und nicht abzukürzen ist!

c) **Nachbaraufgaben** (→ Kompositionsfähigkeit)
  Nachbaraufgaben zeigen einzelne Aufgaben im Zusammenhang verwandter Aufgaben. So ist die Einmaleinsaufgabe $9 \cdot 8$ direkt benachbart zu $10 \cdot 8$, $8 \cdot 8$, $9 \cdot 9$ und $9 \cdot 7$, aber auch zu $3 \cdot 8$ und $9 \cdot 4$. Nachbaraufgaben beim Einmaleins zeigt ganz offensichtlich die Einmaleins-Tafel; Spaziergänge in der Einmaleins-Tafel sind deshalb sehr geeignet, um Nachbaraufgaben zu entdecken und zu nutzen.
  Nachbaraufgaben sind von Bedeutung sowohl als direkte Rechenhilfe wie als Indikatoren für die mathematische Struktur. Wenn das Ergebnis einer Aufgabe nicht (sicher) bekannt ist, kann es durch Vergleich mit dem Ergebnis einer Nachbaraufgabe erschlossen bzw. bestätigt werden.

Beispiel: Wegen 10 · 8 = 80 ist 9 · 8 = 80 − 8 = 72,
wegen 3 · 8 = 24 ist 9 · 8 = 3 · 3 · 8 = 3 · 24 = 72.

Das erste Beispiel ist eine wirkliche Rechenhilfe, während das zweite Beispiel zeigt, wie operative Übungen Aufgaben ins Blickfeld rücken und als lösbar erscheinen lassen, die üblicherweise bewusst ausgeklammert werden.

d) **Aufgaben mit gleichem Ergebnis** (→ Existenz identischer Operationen) sind spezielle Nachbaraufgaben bzw. spezielle Umkehraufgaben. Bei Einmaleinsaufgaben müssen beide Faktoren gegensinnig verändert werden, damit das Ergebnis unverändert bleibt.

– **Tauschaufgaben**: 9 · 8 = 8 · 9. Die Kenntnis dieser Regel ist äußerst geschickt, weil sie die Anzahl der sicher zu beherrschenden Einmaleinsergebnisse (fast) halbiert.

– **Halbieren und Verdoppeln**: 6 · 5 = 3 · 10. Diese besonders einfache Form des gegensinnigen Veränderns besitzt im Bereich des kleinen Einmaleins nur wenige sinnvolle Anwendungen; bei fortschreitender Ausdehnung des Zahlenraumes ist sie eine zunehmend wichtige Hilfe für effektives Kopfrechnen.

Aufgaben mit gleichem Ergebnis können beim Einmaleins immer in die anschauliche Operation der Umordnung rechteckig angeordneter Punktefelder übersetzt und so begründet werden:

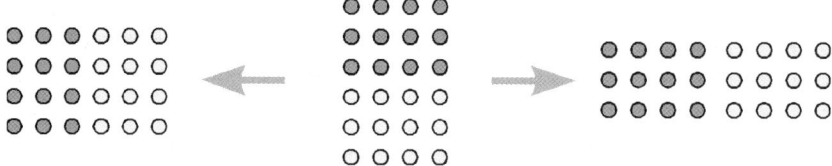

Übungen

1. *Die Ergebnisse von direkten Nachbarn zu Einmaleinsaufgaben stehen in der Einmaleins-Tafel direkt darüber, darunter bzw. daneben. Etwas entferntere Aufgaben stehen schräg rechts bzw. links darüber bzw. darunter. Bestimmen Sie zu einigen Einmaleinsaufgaben jeweils ihre vier „schrägen" Nachbaraufgaben. Wie unterscheiden sich die Ergebnisse der Aufgabe von denen der Nachbarn?*

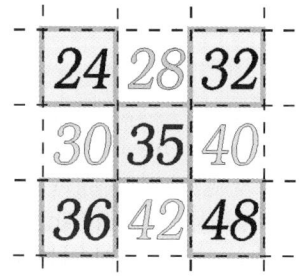

2. In der Einmaleins-Tafel können Sie auf viele verschiedene Weisen ein Quadrat mit 4 Ergebnissen hervorheben. In dem Quadrat stehen 3 gerade und nur eine ungerade Zahl. Zeigen Sie, dass das immer so sein muss.

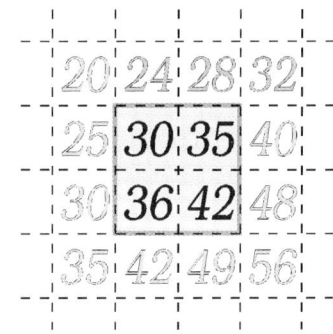

3. Bilden Sie in einem Vierer-Quadrat aus der Einmaleins-Tafel die beiden Diagonalen-Summen und vergleichen Sie sie miteinander. Überprüfen Sie Ihre Vermutung auch für andere Vierer-Quadrate und überlegen Sie, ob Sie eine Regel gefunden haben.

4. Die Summe aller Zahlen aus einem Vierer-Quadrat ist wieder ein Ergebnis einer Aufgabe aus dem Einmaleins (evtl. aus dem großen Einmaleins). Wie finden Sie die Faktoren?

6.3 Automatisierende Übung

Die Übung zum Einmaleins hat das Ziel, die einzelnen Einmaleinsergebnisse prompt abrufbar zu speichern. Automatisierende Übungen beschränken sich ganz auf dieses Ziel. Grundsätzlich sind sie deshalb alle von ähnlicher Bauart: Serien gleichartiger Aufgaben sollen durch stetige Wiederholung des gleichen Übungsreizes eine schon erlangte Fähigkeit zur Fertigkeit werden lassen mit dem Ziel, eine stabile Gewohnheit zu etablieren, die jederzeit aktiviert werden kann.
Die Grundform automatisierender Übungen sind die so genannten Aufgabenpäckchen, d. h. Aufgabenserien, die auf gleich große Portionen übersichtlich verteilt sind, um den Bearbeitungsvorgang übersichtlich gliedern bzw. gezielt bestimmte Teile des Pensums herausgreifen zu können.

Beispiel:	2 · 7	4 · 8	6 · 9	5 · 7
	4 · 7	3 · 8	5 · 9	7 · 8
	6 · 7	9 · 8	7 · 9	7 · 9
	7 · 7	8 · 8	9 · 9	8 · 7

Automatisierende Übungen spielen sich fast ausschließlich auf der symbolischen Ebene ab. Bei der oben skizzierten „klassischen" Form der Aufgabenpäckchen ist das eine logische Folge des ungleich größeren Aufwandes, der mit der Erzeugung einer großen Anzahl von Übungen verbunden wäre, die zeichnerisch oder gar durch konkrete Handlungen bearbeitet werden sollen. Da inzwischen Computer als Lernmedium in immer größerem Umfang zur Verfügung stehen, kann zumindest die ikonische Darstellung mehr zu ihrem Recht kommen; bei mancher Übungssoftware ist das durchaus auch schon der Fall. Insgesamt sind aber die Angebote für die mechanisierende Übung von der Vorstellung geprägt, dass die zu übenden Fertigkeiten vorwiegend von formaler Natur sind. Inwieweit diese

Einschätzung noch aufrechterhalten werden kann, nachdem die klassischen arithmetischen Kulturtechniken – eben die formalen Fertigkeiten des Mathematikunterrichts – in ihrer Bedeutung zumindest fragwürdiger werden, soll an dieser Stelle nicht diskutiert werden.

Tatsache ist, dass die methodischen Innovationen der letzten Jahre sehr stark auf den Bereich der mechanisierenden Übungen ausgerichtet waren und vor allem das Ziel verfolgten, die Motivation für die als notwendig erachteten Übungen zu erhöhen.

6.4 Motivierende Übungsformen

Es gibt verschiedene Formen von Motivation: Man unterscheidet vorwiegend zwischen **Sachmotivation** und **kindbezogener Motivation**.

Sachmotivation bezieht sich vorwiegend auf die dem Lerninhalt innewohnende Struktur und seine Bedeutung in Gegenwart und Zukunft (der Schüler). Da die mathematische Struktur meist als für die Schüler zu schwierig (zu „abstrakt") angesehen wird und die Bedeutung mathematischer Anwendungen oft durch offensichtlich konstruierte Aufgabenstellungen verdeckt wird, ist echte Sachmotivation im Mathematikunterricht eher selten.

Kindbezogene Motivation ist relativ sachunabhängig: Sie bezieht sich vorwiegend auf die Präsentation der Sache und auf die Art des Umgangs mit der Sache. Besonders im Bereich der mechanisierenden Übung überwiegt das Bemühen um kindbezogene Motivation, d. h. um ansprechende äußere Einkleidung und um angenehme soziale Randbedingungen. Auf diesen Aspekt der Motivation bezieht sich ein großer Teil der methodischen Anregungen für den Mathematikunterricht.

a) Motivation durch die Form der Sache

Die „Verpackung" einer Aufgabe kann sowohl durch ihre äußere Gestalt wie durch die Art der Tätigkeit gegeben sein: Gemeint sind Assoziationen mit angenehmen Erfahrungen, die nicht vom Inhalt der Erfahrung abhängen.

Gefahr: Die ansprechende Verpackung verdeckt oft so erfolgreich den Inhalt, dass er fast nicht mehr wahrgenommen wird: Die Kinder lernen Verpackungen (Spielformen) kennen; der Inhalt ist austauschbar – und wird nur zu oft willkürlich ausgetauscht.

– **Ansprechende grafische Einkleidung** der Aufgaben
  Es gibt eine fast unüberschaubare Vielfalt hübscher Verpackungen für Aufgabenserien. Sie reichen von dem lustigen Comic-Tier, das als Identifikationsfigur die Aufgabenpäckchen im Schulbuch begleitet oder kommentiert, über die dekorative Gestaltung der Aufgabenblätter oder der Spielpläne für die Rechenspiele bis zu Sternen, Rädern oder Schlangen, auf denen die Aufgaben eingetragen sind. Nicht nur Kinder lassen sich durch eine geschickte Aufmachung zu Handlungen verlocken, die an sich nicht besonders viel Reiz haben.

– Die Aussicht auf **ansprechende Tätigkeit** spricht den Wunsch nach aktiver Betätigung an.

Das Ausmalen von Vorlagen, das Zusammenbauen von Puzzles und Gesellschaftsspiele wie Memory, Domino oder einfache Hüpfspiele nach der Art von Mensch-ärgere-dich-nicht sind eine angenehme Abwechslung. Dass dabei nicht nur gespielt, sondern auch noch gerechnet werden soll, nehmen Kinder durchaus gerne in Kauf.

– Aussicht auf **einfache Tätigkeit** (und Erfolgserlebnisse) vermittelt Bestätigungen und Sicherheit.

Selbst schlichte „klassische" Aufgabenserien werden gerne abgearbeitet – aber nur dann, wenn die zu erledigenden Aufgaben als weitgehend bekannt identifiziert werden können. Auch Zuordnungsübungen, bei denen zu jeder Aufgabe das passende unter den vorgegebenen möglichen Ergebnissen gesucht werden soll, geben den Schülern rasch viele positive Rückmeldungen.

Software, die für das Training mathematischer Fertigkeiten eingesetzt wird, vereinigt meist alle diese Aspekte miteinander, weshalb sie auch in vielen Fällen von den Schülern gerne akzeptiert wird. Dazu kommt der Reiz des Mediums Computer – insgesamt eine ideale Voraussetzung für intensive Lernaktivitäten der Schüler. Kein Wunder, dass Angebot und Nachfrage in diesem Bereich stetig steigen. Ein Nachweis, dass sich dadurch auch die Rechenfertigkeiten verbessern, steht noch aus. Er wird auch schwer zu erbringen sein, weil sich sowohl die Leistungsfähigkeit wie auch die Qualität der Präsentation einerseits stetig verbessern und andererseits auch grundsätzlich verändern. Zu denken geben sollte allerdings, dass der große Aufwand, der bei den gedruckt oder in Form von Lernspielen vorgegebenen Übungen getrieben wurde, die gewünschte Effizienzsteigerung ganz offenkundig nicht gebracht hat.

b) Soziale Motivation

Jedes Kind hat den berechtigten Wunsch, einen angemessenen Platz in der Sozialstruktur der Klasse, der Schule und später der Gesellschaft einzunehmen. Dazu muss es die Möglichkeit haben, sich als Individuum innerhalb der sozialen (Lern-) Gruppe zur Geltung zu bringen, und andererseits muss die Gruppe zur sozialen Heimat für ihre Mitglieder werden können. Das bedeutet, dass auch beim Üben im Mathematikunterricht der Aspekt des sozialen Lernens beachtet werden sollte.

– Die **Leistungsmotivation** ist darauf gerichtet, das Ansehen des Individuums und seinen Platz in der Gruppe zu festigen und auszubauen. Durch direkte Bestätigung und durch Vergleich und Wettbewerb innerhalb der Gruppe werden das Leistungsbewusstsein und die Leistungsbereitschaft gestärkt. Erfolgserlebnisse assoziieren einen Lerninhalt mit angenehmen Erinnerungen und fördern die Bereitschaft zur Fortsetzung der Übung.

Gefahr: Eine einseitige Vorstellung von (eindeutig messbarer!) Leistung schließt viele Schüler von Erfolgserlebnissen aus – oder sie führt zu einer Absenkung der Anforderungen. Problematisch ist auch die bei Wettbewerben fast unvermeidbare Kopplung von Erfolgen mit dem Misserfolg der anderen Schüler.

- **Übungsspiele** können sowohl durch Wettbewerb als auch durch Zusammenarbeit motivierend wirken.

  Beispiel: King-Kong. Die Kinder sitzen im Kreis und nennen reihum die natürlichen Zahlen: 1 – 2 – 3 – ...

  Wenn die 4-Reihe geübt werden soll, muss jede Zahl, die in irgendeiner Form die Zahl 4 enthält, ersetzt werden: Wenn die Ziffer 4 vorkommt, durch das Wort „King", wenn die Zahl in der 4-Reihe vorkommt, durch „Kong", und wenn beide Bedingungen erfüllt sind, durch „King-Kong".

- **Aufgaben mit Selbstkontrolle** bestätigen erfolgreiches Verhalten direkt und lösen die Abhängigkeit von der Lehrerin.

  Beispiele: Bei Puzzles bestätigt das am Ende korrekt zusammengesetzte Bild die richtige Lösung aller Aufgaben. Weniger aufwendig ist der Gebrauch des LÜK-Kastens, der über verschiedene mögliche Lösungsmuster eine Vielzahl unterschiedlichster Aufgabenfolgen wirkungsvoll und rasch kontrolliert. In ähnlicher Weise können die Lösungen auf einem Aufgabenblatt über eine geeignete Codierung einen Lösungsspruch ergeben.

– Die **kommunikative Motivation** wächst aus der Einsicht in den Sinn von Zusammenarbeit und gegenseitiger Unterstützung durch gemeinsame Lern- und Erfolgserlebnisse. Sie kann den Unterricht und das Lernklima sehr befruchten. Der Förderung dieser Einsicht dienen Aufgaben, die nicht durch die Nennung einer eindeutigen Lösung erledigt werden können.

- **Offene Aufgaben**, also Aufgaben mit verschiedenen Lösungen, geben vielen Schülern Möglichkeiten für eine aktive Mitwirkung und fördern so die Differenzierung. Auch Aufgaben ohne Lösungen nennt man offen, weil die Begründung für die Unlösbarkeit meist auf sehr verschiedene Weise erfolgen kann.

  Beispiel: Beim Einmaleins ist die Umkehraufgabe offen, bei der das Ergebnis vorgegeben und nach den beiden Faktoren gefragt wird. Die Anzahl der möglichen Lösungen kann sehr stark variieren.

- **Assoziative Aufgabenstellungen** fragen nicht nach der Lösung, sondern nach den in der Regel verschiedenen möglichen Wegen zur Lösung.

  Beispiel: Das Auszählen eines Rechteckes auf dem Punktefeld durch Zerlegen in kleinere Teilrechtecke.

Achtung: Kommunikative Kompetenzen können – besonders im Mathematikunterricht – nicht vorausgesetzt werden! Sie müssen langfristig und glaubwürdig angestrebt werden, indem die Lehrerin echte Kommunikation im Unterricht fördert. Sie entfalten ihre motivierende Wirkung erst durch die wiederkehrende positive Erfahrung, dass der Austausch und das Hinhören auf die anderen Schüler im Mathematikunterricht gewünscht und für das Lernen förderlich ist.

6.5 Differenzierung

Differenzierung ist die Anpassung von Lerntempo, -umfang und -inhalt an die individuellen Bedürfnisse der Schüler mit dem Ziel, jeden Schüler optimal zu fördern. Man unterscheidet zwischen **äußerer und innerer Differenzierung**. Bei der äußeren Differenzierung wird die Klasse in auch organisatorisch getrennte Lerngruppen (A-Kurs, B-Kurs) eingeteilt, die verschieden unterrichtet werden, bei der inneren Differenzierung bekommen die Schüler innerhalb des Klassenverbandes unterschiedliche Lern- und Arbeitsangebote. Differenziert werden kann nach verschiedenen Aspekten.

– **Quantitative Differenzierung**
Die Möglichkeit, unterschiedlich viele Aufgaben zu bearbeiten, ist recht einfach zu organisieren. Die Schüler bekommen ein umfangreiches Angebot an Übungen mit einem Pflichtprogramm, das von allen zu erledigen ist, während die übrigen Aufgaben je nach individueller Leistungsfähigkeit teilweise oder ganz „erledigt" werden können. Ein unterschiedlich großes Pensum an Übungen vertieft allerdings vorhandene Leistungsunterschiede, während der Ausgleich durch Hausaufgaben (Erledigung des „Restes") langsame Schüler sozial benachteiligt.

– **Leistungsdifferenzierung**
Durch die Auswahl aus unterschiedlichen Versionen von Aufgabenblättern, aber auch von Spielen wie Memory oder Domino werden den Schülern unterschiedlich komplexe Lernangebote gemacht. Problematisch ist allerdings die Einschätzung (sowohl durch die Lehrerin wie durch die Schüler selbst!), welche Aufgaben im Schwierigkeitsgrad für die einzelnen Schüler angemessen sind.
Bei Kopplung von Leistungsdifferenzierung mit quantitativer Differenzierung werden allzu große Divergenzen im Umfang des „Pensums" vermieden. Die sukzessive Steigerung des Schwierigkeitsgrades oder Transferaufgaben sorgen dafür, dass die schnelleren Schüler nicht allzu weit enteilen.

– **Differenzierung nach Repräsentationsebenen**
Da Kinder auf unterschiedliche Weisen lernen, brauchen sie auch entsprechend unterschiedliche Lernangebote, damit sie die Lernerfahrungen mit (für sie) konkreten und wichtigen Vorerfahrungen verbinden können. Das gilt auch für die Übung, die wenig wirkungsvoll ist, wenn sie sich ganz auf die formale Ebene und damit auf eine für viele Kinder wenig vertraute Ausdrucks- und Kommunikationsmöglichkeit beschränkt.
Einmaleinsaufgaben können nicht nur durch Addieren gleicher Summanden, sondern auch durch Zurückführen auf einfachere Aufgaben, durch Legen von Stäben oder durch Zeichnen von Rechtecksfeldern gelöst werden.

– **Differenzierung nach didaktischen Modellen bzw. Lernmedien**
Bei unterschiedlichen Repräsentationsmöglichkeiten können den Schülern ebenfalls unterschiedliche Lernmöglichkeiten angeboten werden: Multiplika-

tion mit Stäben (Maßzahlmodell), mit Knöpfen (Anzahl), mit Geld (Systemzahl und Maßzahl), auf dem Steckbrett ...

– **Soziale Differenzierung**

Durch die Auswahl der jeweils passenden Sozialform (Wettbewerbsspiele in leistungshomogenen Gruppen, Helfersystem bei Partneraufgaben, Einzelarbeit bei Puzzles usw.) können die Schüler im Umgang mit Mathematik unterschiedliche Rollen übernehmen und ihre Handlungskompetenz steigern.

– **Freie Arbeit**

Im Gegensatz zu den anderen Differenzierungsformen, die jeweils durch die Lehrerin organisiert werden, setzt Freiarbeit auf die Selbstorganisation durch die Schüler. Die Lehrerin bietet unterschiedliche Lernmaterialien an, unter denen sich die Schüler frei entscheiden und Dauer und Intensität der Beschäftigung selbst bestimmen.

Insgesamt:
Differenzierung ist ein wichtiges Mittel zur individuellen Förderung der Schüler. Sie ist aber keine Garantie für guten Unterricht! Wenn sie nur als Methode der Unterrichtsorganisation angewendet wird, ohne dass der Lerninhalt unterschiedliche Formen der Auseinandersetzung nahe legt, wird Differenzierung für die Lehrerin zur lästigen Pflicht mit hohem Arbeitsaufwand und sie erhöht gleichzeitig die Abhängigkeit der Schüler von der Vorplanung durch die Lehrerin.
Wirkliche Differenzierung setzt offene, ausbaubare Aufgabenstellungen voraus. Dann ergibt sie sich im Unterricht fast von allein ohne großen Organisationsaufwand! Das Problem ist, solche Aufgabenstellungen in genügender Anzahl und Breite zu finden.

7. Mathematik und Realität

In vielen Situationen des Lebens ist Mathematik enthalten – meist gut versteckt oder so weit unter der „Oberfläche", dass die meisten Menschen fast gar nicht mit ihr in Berührung kommen. Selten muss man dagegen im „täglichen Leben" Mathematik wirklich bewusst anwenden. Die Fälle, in denen Mathematik direkt nützlich ist, werden immer weniger, weil die typisch mathematischen Tätigkeiten, **nämlich messen, zeichnen und rechnen**, mehr und mehr von Maschinen übernommen werden und der Mensch nur noch mit den fertigen Produkten zu tun hat. Darüber hinaus sind die Situationen, in denen Mathematik wichtig ist, meist recht komplex: Mathematik erfasst nur einen Teil der Aspekte einer Sache und die Sache passt oft nicht genau auf einfache mathematische Muster. Häufig *überwiegen nicht-mathematische Aspekte* und Bedeutungen; Mathematik fließt in sachbezogene Argumentationen meist nur in Form von statistischen Daten ein, die aber nur zitiert und nicht kontrolliert oder gar selbst ermittelt werden.

Aus all diesen Gründen ist das **Sachrechnen** – der Versuch, im Mathematikunterricht einen Beitrag zum Verständnis der Realität zu leisten – eine höchst problematische Angelegenheit. Häufig erreicht man gerade das Gegenteil der angestrebten Verbindung von Mathematik und Realität: Wenn die Realität für die Schule zurechtgemacht und vereinfacht wird und Sachrechnen dann noch darin besteht, die gegebenen sachlichen Informationen möglichst schnell abzustreifen und nur noch effektiv zu rechnen, dann liegt der Schluss nahe, dass Mathematik mit Realität wenig zu tun hat und dass Alltagslogik im Mathematikunterricht eher störend wirkt.

Viele Schüler haben deshalb erhebliche Schwierigkeiten auch mit „leichten" Sachaufgaben. Der Schluss, sie seien durch die Aufgaben objektiv überfordert, ist aber ebenso wenig zwangsläufig richtig wie die häufige Folgerung, die Aufgaben möglichst noch einfacher zu machen und durch intensive Übung eines immer gleichen Aufgabentyps elementare Sicherheiten auszubilden. Diese Methode ist meist erstaunlich wirkungslos, was recht einleuchtend erklärt werden kann! Denn die Reduzierung des Sachverhaltes auf eine Aufgabe, die mit den gerade aktuellen mathematischen Fertigkeiten zu bewältigen ist, nimmt der Sache ihren Realitätsgehalt und damit ihren Sinn. Die meist eindeutig vorgegebene oder erwartete Fragestellung macht aus der Sachauseinandersetzung ein Ratespiel um die vom Aufgabensteller erwartete Reaktion. Wenn außerdem zu erwarten ist, dass die Aufgabe nach Ermittlung eines Ergebnisses abgeschlossen ist und dass dieses Ergebnis keine weitere Rolle spielt, muss man sich nicht wundern, dass die Schüler, die sich im Wettbewerb um die richtige Reaktion benachteiligt fühlen, in ihn gar nicht erst eintreten und damit prompt die Vorstellung vom „schwachen" Schüler bestätigen. Es handelt sich um den klassischen Fall einer selbsterfüllenden Prophezeiung: Wer seinen Schülern eine Sachauseinandersetzung mit mathematischen Mitteln nicht zutraut und sie deshalb im Unterricht vermeidet, sorgt fast zwangsläufig dafür, dass die Schüler Mathematik nicht als Mittel der Welterschließung sehen, sondern als Instrument der innerschulischen Selektion.

7.1 Aufgabentypen des Sachrechnens

Bei Aufgaben, die außer der Rechnung noch die Verarbeitung von Informationen verlangen, unterscheidet man verschiedene Typen je nach dem Grad der Bedeutung der nicht rechnerischen Aspekte.

a) Eingekleidete Aufgaben

haben ausschließlich die Funktion, einen zu übenden Rechenvorgang durch die „Einkleidung" in eine Sachsituation motivierender zu gestalten. Die Aufgabe soll zeigen, dass Mathematik im täglichen Leben eine wichtige Rolle spielt; die Sachinformation besteht nur aus dem Hinweis auf die Nützlichkeit des zu übenden Rechenvorganges. Über die Sache selbst bekommt man keine neuen Informationen; die für die Aufgabe benötigte Sachkenntnis wird vorausgesetzt. Es ist schon in der Formulierung erkennbar, dass die Sachsituation auf den „Rechenfall" hin konstruiert ist und bei genügend Fantasie leicht durch andere ersetzt werden kann.

Beispiel: *Verteile 20 Dosen in 4 Schachteln (45 Flaschen auf 5 Regale ...)!*

b) Textaufgaben

verlangen die „Entschlüsselung" der verlangten Rechnung durch verständige Interpretation des Textes. Das Problem liegt im Textverständnis und im Übersetzen der Textstruktur in eine mathematische Struktur. Wenn das Textverständnis nicht zu einem wirklichen Sachverständnis führt, geschieht die Übersetzung häufig durch Raten: Welche Rechnung ist wahrscheinlich verlangt?

Beispiel: *Herr Walter kauft Briefmarken für 12 DM und gibt ein Glückwunschtelegramm für 8 DM auf. Er hat 50 DM dabei. Wie viel bekommt er zurück?*

Textaufgaben haben meist „passende" Zahlen, damit die geforderte Rechnung ohne Schwierigkeiten funktioniert (im Beispiel: Thema ist das Subtrahieren mit „glatten" Zehnerzahlen). Die Kontrolle bei Textaufgaben geschieht daher auch oft über die Ergebniszahlen: Einfache Ergebnisse erhöhen die Wahrscheinlichkeit sehr, dass richtig gerechnet wurde.

c) Sachaufgaben

versuchen, eine wirkliche Auseinandersetzung mit einer Sachsituation zum Anlass für mathematische Operationen zu nehmen. Die mathematische Bearbeitung soll einen Beitrag zum Sachverständnis leisten. Sachaufgaben sind daher nicht durch eine (vorher schon festgelegte) Rechnung zu „erledigen" – die deshalb auch nicht durch eine vorgegebene Frage oder Rechenanweisung erleichtert werden kann.

Beispiel: Ein Bild mit vielen Details (Kinderzimmer, Kellerregale, Gartenbeete) regt die Kinder an, ihre eigenen Erfahrungen mit der Situation einzubringen und auszutauschen. Die Suche nach den möglichen und sinnvoll erscheinenden Rechenfällen konzentriert den Blick auf die mathematischen Aspekte und zeigt, dass auch die mathematische Sprache eine angemessene Form der Beschreibung eines Sachverhalts sein kann.

Eine besonders offene Form von Sachaufgaben sind **Projekte**, bei denen nur der Arbeitstitel vorgegeben wird und sich die Aufgabenstellungen erst entwickeln – manchmal auch in zunächst unvorhergesehener Weise.

Beispiel: (Simulierter) Flohmarkt. Die Kinder bewerten mitgebrachtes Spielzeug und „verkaufen" es sich gegenseitig (im Spiel).

7.2 Einbringen von Sachsituationen in den Unterricht

Außerschulische Realität ist – wie schon das Wort sagt – in der Regel in der Schule nicht unmittelbar anzutreffen, sie muss vielmehr erst durch eine geeignete Präsentation zum Thema des Unterrichts gemacht werden. Durch die Art der Präsentation schafft die Lehrerin einen Lernkontext, der auf den Lernprozess ganz entscheidend Einfluss nimmt.

a) Textvorlage

Sie beschreibt eine Situation, in der Mathematik eine Rolle spielt, durch einen geschriebenen Text. Der Anteil dieser Form der Präsentation nimmt mit wachsender Lesefertigkeit der Schüler immer mehr zu. Ein Grund dafür ist sicher der geringe Medienaufwand. Häufiger genannt wird das Argument, dass die Schüler auch im Mathematikunterricht sinnerfassendes Lesen üben sollen. Andererseits sind dafür die sachbezogenen mathematischen Texte nicht ohne weiteres eine geeignete Grundlage. Die für vertretbar gehaltene Textlänge reduziert nämlich meist die Sachinformation sehr stark oder setzt sie sogar voraus. Darüber hinaus ist die verwendete Sprache oft nicht sehr kindgemäß.

Im Anfangsunterricht müssen Textinformationen sehr dosiert eingesetzt werden, weil sonst das Problem des sinnerfassenden Lesens alle anderen Aspekte überlagert – es sei denn, man macht die Auseinandersetzung mit dem vorgelegten Text zum Schwerpunkt der Unterrichtsaktivität.

b) Erzählung

Durch sie teilt die Lehrerin den Schülern ihre persönliche Einstellung und ihre Erfahrungen zum Sachgegenstand mit, gibt ihnen die Möglichkeit, sich selbst einzubringen und zeigt so, wie Mathematik ein Aspekt unter anderen bei jeder

Sachsituation ist – und dass es immer eine bewusste Entscheidung ist, sich mit der mathematischen Seite der Sache zu befassen. Darüber hinaus ist eine Erzählung offen für Fortsetzungen, Ergänzungen und Änderungen und kann so Anlass für eine Vielfalt von mathematischen Handlungsmöglichkeiten sein.

Erzählungen sind häufig offensichtlich konstruiert (wie eigentlich jede Aufgabe in der Schule). Gerade weil diese Konstruktion aber direkt erkennbar durch die erzählende Lehrerin vorgenommen wird und nicht nur eine abstrakte Vermutung ist, weil die geschilderte Sachsituation mit einer vertrauten Person verbunden wird und weil die Schüler sich jederzeit in den Konstruktionsvorgang aktiv einschalten können, wirkt die Konstruiertheit keineswegs störend.

c) Mathematisches Märchen

Eine Sonderform der Erzählung ist das Märchen. Ein Märchen ist auch für ein Kind erkennbar nicht „wahr" im Sinne von realistisch. Andererseits sind Märchenfiguren und Märchenhandlungen Abstraktionen von realen Erfahrungen. Insofern zeigen mathematische Handlungen, die von Fantasiefiguren (Tieren, Zwergen ...) in einer Fantasiewelt ausgeführt werden, besonders deutlich den Charakter der Mathematik als „geistiges Spiel" auf. Da ein Märchen ebenso wie die Mathematik ihre Wurzeln in der Realität hat und andererseits in der Fantasiewelt – ebenso wie die Mathematik – die Grenzen der realen Erfahrung überschreiten kann, scheinen Märchen sehr gut geeignet zu sein, persönliche Beziehungen zu mathematischen Handlungen in Sachsituationen aufzubauen. Allerdings setzt der Einsatz von Märchen im Mathematikunterricht voraus, dass die Lehrerin diese Beziehungen glaubwürdig erscheinen lassen kann und will.

d) Rollenspiel

Beim Rollenspiel treten Kinder selbst (zumindest simulierend) aktiv in eine Sachsituation ein. Für die agierenden Kinder wird die Problemlösung damit zu einem persönlichen Anliegen; die Zuschauer können Anteil nehmen, sich selbst in die Rolle des Handelnden hineindenken und so ebenfalls Interesse an der Lösung entwickeln.

Rollenspiele haben häufig das Problem des mangelnden Überblicks: Vor allem die handelnden Kinder sind auf die eigene Rolle innerhalb der Spielsituation fixiert und verlieren leicht den Überblick über die ganze Szene (und damit über den gemeinten Sachinhalt). Für die zuschauenden Kinder wird der darzustellende Inhalt ebenfalls leicht durch andere Interessen überlagert wie die subjektive Anteilnahme an den handelnden Personen und den Wunsch, selbst aktiv beteiligt zu sein.

e) Bildergeschichte

Die Darstellung der wesentlichen Informationen und Abläufe in einem oder mehreren Bildern schafft Distanz zur Sache und regt gleichzeitig die Fantasie an.

Durch Ordnen der Bilder wird die Situation sprachlich und inhaltlich erfasst. Bildergeschichten können auch über die reine „Lösung" hinaus noch weiter wirken: Durch Skizzieren eines oder mehrerer Ergänzungsbilder wird die Fähigkeit, Sachverhalte anschaulich darzustellen, geschult (fächerübergreifender Unterricht); das Ausmalen der Bildvorlagen ermöglicht bessere Identifikation mit der Sache. Beispiel: „So vergeht ein Tag. Beschreibe, was Lisa macht" (aus: Das Zahlenbuch, 2. Schuljahr)

f) Sachbezogene Materialien

Gegenstände, Bilder aus Büchern, aber auch Kataloge und Ausschnitte aus Zeitungen wirken als „stummer Impuls" anregend, sich mit der durch die Materialien repräsentierten Sache auseinander zu setzen. Betrachten und Be„handeln" erzeugt sprachliche Beiträge: Die Schüler können ihre Eindrücke und ihre Erfahrungen schildern sowie Lerninteressen formulieren. Daraus entwickeln sich dann (nicht nur) mathematische Aufgaben, deren Lösung in eigenen Erfahrungen wurzelt.

7.3 Umgang mit Sachsituationen im Unterricht

Je nach Aufgabentyp und seiner Präsentation kann sich der Sachrechen-Unterricht in sehr unterschiedlicher Weise gestalten. Entscheidend geprägt wird die Behandlung der jeweiligen Aufgabe und ihre Dokumentation zudem durch die mit dem Sachrechnen verbundene Zielsetzung. Wenn es in erster Linie darum gehen soll, das Mathematisieren von Sachzusammenhängen zu lernen, wird man der intensiven, exemplarischen Beschäftigung mit wenigen reichhaltigen Aufgaben den

Vorzug geben. Wer dagegen den Schülern in erster Linie Sicherheit im Bearbeiten von sachbezogenen Aufgaben vermitteln möchte, wird eher dazu neigen, über die möglichst gleichartige Lösung einer großen Zahl von Aufgaben ein Standardschema einzuüben.

Das Schema **Frage – Rechnung – Antwort** ist allgemein bekannt. Für Aufgaben, die die Schüler leicht durchschauen können, bietet es sich ohne weiteres an.

Beispiel: „Zur Klasse 2 a gehören 19 Kinder. Heute fehlen 3 Kinder. Wie viele Kinder sind da?"

Frage: Wie viele Kinder sind da?
Rechnung: $19 - 3 = 16$
Antwort: 16 Kinder sind da.

Hauptmotiv für diese Form der Darstellung einer Aufgabenlösung ist der Wunsch, Kinder zu sauberer, übersichtlicher Heftführung anzuleiten. Ansonsten ist sie sehr kritisch zu bewerten!

Das Schema

– unterschlägt die gesamte Sachsituation: Bei späterem Betrachten des Heftes gibt die Aufgabe keinerlei Informationen wieder und entwertet so den Hefteintrag,

– suggeriert, dass es nur eine Frage in der Sachsituation geben kann (die meist gedankenlos aus dem Aufgabentext übernommen wird),

– leitet dazu an, alle anderen Angaben der Aufgabe sofort zu vernachlässigen, d. h., die Aufgabe nicht ernst zu nehmen,

– **gibt keine Hilfe für die Erzeugung der Rechnung und damit keine Hilfe bei der Lösung,**

– erlaubt keine Kontrolle (außer durch die Lehrerin), weil der Antwortsatz nur eine mechanische Umformung des Fragesatzes ist,

– versagt völlig bei allen komplexeren Aufgabenstellungen.

Sachrechnen versucht die vielfältigen Beziehungen von Mathematik zur Realität zu erfassen. Dafür **kann es keine schematische Vorlage geben!** Sachrechnen darf nicht zum Ziel haben, möglichst effektiv möglichst viele Sachaufgaben abzuhaken, weil dabei weder für die Sache noch für die Mathematik etwas gelernt wird, sondern nur vorhandene formale Fertigkeiten (Entschlüsseln und schnelles Ausführen von „versteckten", aber bekannten Rechnungen) bestätigt werden. Schüler, die diese Fertigkeiten nicht haben, bekommen auf diese Weise auch keine Chance sie auszubilden. So verstandenes Sachrechnen hat erheblichen Anteil an der problematischen Polarisierung zwischen den Schülern, denen zu jeder Aufgabe sofort die Lösung einfällt, und denen, die darauf warten, dass andere die Lösung finden. Weder die einen noch die anderen Schüler profitieren von dieser Art der Anwendung von Mathematik.

Sachrechnen ist:
Sich Einlassen auf mathematikhaltige Sachsituationen

Jede lohnende Sachsituation braucht Zeit und Geduld und die Bereitschaft, verschiedene Erfahrungen zuzulassen und so die entsprechenden Fähigkeiten zu fördern. Die Schüler müssen mit den verschiedenen Aspekten einer Sachsituation vertraut werden und konstruktiv reagieren können. Je nach der Aufgabenstellung und ihrer Präsentation wird einer oder mehrere der Aspekte besonders betont werden.

a) Analyse der präsentierten Vorlage

Ob Text, Bild, Erzählung, Materialien: Die Kinder müssen Gelegenheit haben aktiv mit der Vorlage umzugehen. Kennenlernen (Nacherzählen, Nachfragen), Ergänzen (Informationen und Meinungen einbringen), Verändern (Ausschmücken, Reduzieren), Entscheidungen treffen: Worauf kann es ankommen, worauf soll es ankommen?

Speziell sollten die Schüler immer wieder die Aufgabe durch einen eigenständigen Text oder eine kommentierte Skizze festzuhalten versuchen. Gerade weil das zunächst schwer fällt, muss die sinnerfassende Wiedergabe von Vorlagen immer wieder geübt werden! Auch unvollständige, vorläufige Produkte sind wertvolle Beiträge zur Schulung einer wichtigen allgemein bildenden Qualifikation.

b) Datenanalyse

Der mathematische Aspekt einer Sachsituation ist durch die zugehörigen Daten gegeben. Dieser – für den Mathematikunterricht wesentliche – Aspekt erschließt sich deshalb nur, wenn die Daten genauer betrachtet und analysiert werden:
– Passen die Daten zur Situation (sind sie realistisch)?
– Sind die Daten sinnvoll genau?
– Sind alle Daten notwendig oder ist die Aufgabe überbestimmt?
– Sind alle notwendigen Daten bekannt oder sollten noch weitere Daten bekannt sein?
– Sollte man die Daten vereinfachen (um die Sache leichter zu verstehen)?
– Was könnte (sachgemäß) herauskommen?
– Wie genau will man das Ergebnis wissen?
Die Analyse führt zu bewerteten und mit Sinn versehenen Daten, die das Verständnis für die Sachsituation vertiefen.

Übung

1. Im Schulbuch können (innerhalb einer Zeichnung von den Regalen im Hofladen eines Bio-Hofes) folgende Preisangaben abgelesen werden:

Apfelsaft Flasche 2 DM	Honig Glas 6 DM	Marmelade Glas 4 DM	Eier Stück 30 Pf	Äpfel 1 kg 4 DM
Möhren Bund 3 DM	Gurken Stück 2 DM	Petersilie Bund 1 DM	Salat Kopf 1 DM	Erdbeeren Schale 3 DM

Danach kommen einige Aufgaben mit Einkaufszetteln wie „Herr Schmidt kauft 10 Eier, 1 Bund Möhren, 2 kg Äpfel, 1 Schale Erdbeeren".
Versuchen Sie für diese Aufgabenstellung eine Datenanalyse.

2. *Am Ende der Seite im Schulbuch steht folgende Aufgabe: „Frau Wiesner hat im Supermarkt 1 Bund Möhren, 1 Glas Honig, 1 kg Äpfel und 10 Eier gekauft. Vergleiche mit dem Bio-Hof."*
Welche Erkenntnisse liefert die Datenanalyse bei dieser Aufgabe? Wie beurteilen Sie beide Aufgaben im Zusammenhang?

MÖHREN	1.99
HONIG	3.99
ÄPFEL	3.99
EIER	2.28
SUMME	10.14
GEGEBEN	20.00
ZURÜCK	9.86

c) Mathematische Analyse

In vielen Fällen genügt es schon, die aus der Datenanalyse entstandenen Daten zusammen mit den nötigsten Kommentaren übersichtlich aufzuschreiben, um den passenden Rechengang fast nicht übersehen zu können.

Beispiel: 19 Kinder
       3 Kinder fehlen
     ☐ Kinder sind da

Auch eine strukturierte Skizze als mathematisches Modell kann sinnvolle mathematische Handlungen nahe legen.

Eine strukturierte Skizze abstrahiert sehr stark von der Sachsituation und ist keineswegs leicht anzufertigen. Andererseits ist die Fähigkeit, in möglichst einfacher und übersichtlicher Weise das Wesentliche einer Situation wiederzugeben, ein wichtiges allgemeines Bildungsziel und deshalb fortdauernde Anstrengung wert.

d) Rechnung

Eine brauchbare mathematische Analyse führt direkt zu den notwendigen Rechnungen (oder sie enthält sie schon). Der Rechenvorgang selbst ist dann bei einer echten Sachaufgabe nur ein Nebenprodukt, das deshalb auch nur als Nebenrechnung notiert werden sollte – und auch das nur, falls die Rechnung nicht im Kopf durchgeführt werden kann.

Anders verhält es sich, wenn die Lösung der Sachaufgabe hauptsächlich der Anwendung einer Rechentechnik dient. In diesem Fall steht der Rechenweg im Zentrum und wird durch die Darstellung der Sachsituation illustriert.

e) Auswertung

Das Ziel einer Rechnung ist das Produzieren eines Ergebnisses, das deshalb auch durch Hervorheben (Unterstreichen), eventuell auch durch einen Antwortsatz gewürdigt werden soll. Allerdings verdienen nur Ergebnisse, die interessante Informationen über die untersuchte Sachsituation enthalten, eine besondere Beachtung.

Eine Sachaufgabe ist erst dann erledigt, wenn alle aufgeworfenen Fragen beantwortet sind und sich keine mehr stellen. Zur Auswertung einer Sachaufgabe gehört immer die Frage nach einer sinnvollen **Vertiefung** bzw. **Fortsetzung** durch Erkunden des Umfeldes der Aufgabe.

– **Erkunden der funktionalen** (mathematischen) **Struktur** der Aufgabe:
  ● Welche Ergebnisse hätte man mit anderen (systematisch veränderten) Daten erhalten? Wie wirkt sich die Änderung der Daten auf die Ergebnisse aus?
  ● Hätte man mit anderen Daten die gleichen Ergebnisse bekommen können?
  ● Ist es möglich, zu gegebenen (sinnvollen, gewünschten) Ergebnissen „passende" Eingangsdaten zu finden?

– **Erkunden des Sach-Umfeldes der Aufgabe**: Suchen bzw. selbst Formulieren von
  ● interessanten Aufgaben zum gleichen Sachverhalt bzw. aus dem gleichen Sachfeld,
  ● Aufgaben aus anderen Sachbereichen mit gleicher mathematischer Struktur.

Der Mathematikunterricht kann einen beachtlichen Beitrag zur Verbindung von Mathematik und Realität leisten, wenn er besonders den Transfer zwischen Sachsituationen und ihrer mathematischen Beschreibung zum Gegenstand intensiver Bemühungen macht und wenn er den Schülern Gelegenheit gibt, sowohl die Sachsituationen wie die mathematischen Modelle intensiv zu erkunden.

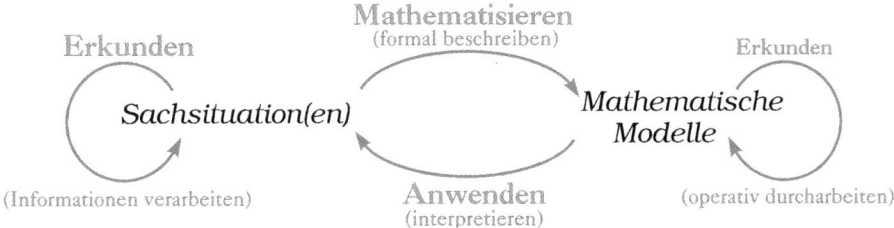

Da reale Situationen und ihre mathematischen Modelle niemals völlig strukturgleich sein können, muss der Unterricht sowohl auf Vertrautheit in beiden Bereichen wie auf intensive Erfahrungen mit den Übertragungsvorgängen ausgerichtet sein. Sachrechnen, das sich dieser schwierigen, aber lohnenden Aufgabe verweigert, ist bedeutungslos.

8. Größen messen – mit Größen rechnen

Im Sachrechnen beschäftigt man sich mit den eindeutig messbaren Eigenschaften von Sachsituationen. Ergebnisse von Messprozessen nennt man Größen. Größen sind im Alltag die wichtigste Erscheinungsform von Zahlen; der geläufige Umgang mit Größen ist deshalb einerseits ein unersetzliches Übungsfeld, um Vertrautheit mit Zahlen zu gewinnen, und andererseits eines der wichtigsten Bildungsziele der Schulmathematik.

8.1 Vorläufige Begriffsbildung: Größen

Größen sind „objektiv messbare" Eigenschaften: Eine Linie hat ihre Länge, eine Fläche ihren Inhalt, ein Körper sein Volumen und sein Gewicht, ein Gegenstand seinen (Geld-)Wert, ein Vorgang seine Dauer, eine Bewegung ihre Geschwindigkeit, ein Ton seine Frequenz ...

Man unterscheidet zwischen Objekten **(Repräsentanten)** und ihren Eigenschaften **(Größen)**. Die Benennungen für Größen setzen sich aus Maßzahl und Maßeinheit zusammen.

Repräsentant	Größe	Maßzahl	Maßeinheit
Linie	Länge	3	cm
Fläche	Flächeninhalt	7	cm^2
Körper	Rauminhalt	8	l
Körper	Gewicht	7,125	kg

Die Benennung einer Größe gibt das Ergebnis eines Messprozesses wieder.
– Festlegung einer Einheitsgröße durch einen standardisierten Repräsentanten:

Einheitsgröße: **1 cm^2**   Norm-Repräsentant: cm-Quadrat

– „Abtragen" des Norm-Repräsentanten ergibt die Maßzahl: Das Zentimeter-Quadrat lässt sich 10-mal abtragen, bis die ganze Fläche ausgefüllt ist.
Größe des Flächeninhalts:
10 cm^2 = 10 · 1 cm^2

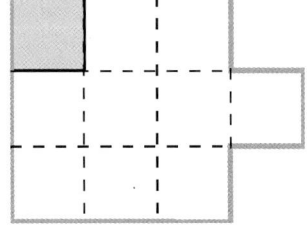

Die Maßzahl einer Größe ist nicht eindeutig, sondern hängt von der Wahl der Einheitsgröße ab. Aus praktischen Gründen (wenn sehr unterschiedliche Repräsentanten gemessen werden müssen) passt man die Einheitsgröße den zu vergleichenden Repräsentanten an.

Ein Messprozess bezieht sich immer auf gleichartige Größen, auf die Elemente eines **Größenbereiches**. Dieser Begriff ist intuitiv klar; seine exakte Definition als mathematische Struktur kann hier nur angedeutet werden (und ist auch für den verständigen Umgang mit Größen nicht unbedingt erforderlich).

Größen eines **Größenbereiches**	Veranschaulichung durch **Repräsentanten**
– Größen kann man stets eindeutig vergleichen $8 \text{ cm}^2 < 9 \text{ cm}^2$	– Aufeinanderlegen, abmessen
– Größen kann man immer addieren $9 \text{ cm}^2 + 8 \text{ cm}^2 = 17 \text{ cm}^2$	– Zusammenfügen
– Es gibt keine negativen Größen: Die Gleichung $8 \text{ cm}^2 = 9 \text{ cm}^2 + x$ ist unlösbar.	– Es ist nicht möglich, eine Größe zu einer kleineren Größe zu ergänzen (oder: Man kann nicht etwas Größeres von etwas Kleinerem wegnehmen)

Diese Eigenschaften eines Größenbereiches sind intuitiv klar, aber keineswegs selbstverständlich. Die Repräsentanten eines Größenbereiches können von so unterschiedlicher Gestalt sein, dass ein direkter Vergleich oder auch ein Messprozess möglicherweise nur schwer zu einem eindeutigen Ergebnis kommen. Bekannt sind etwa die Schwierigkeiten, zu einer Kugel einen eindeutigen Rauminhalt oder den exakten Inhalt der Oberfläche zu ermitteln. Bei einfachen Beispielen stellen sich diese Fragen allerdings nicht.

Aufgrund des einheitlichen Messprozesses ist es leichter, gleichartige Größen zu identifizieren, als zu sagen, welche Eigenschaften eine einzelne Größe hat. Deshalb macht die mathematische Begriffsbildung einen zunächst merkwürdig erscheinenden Umweg, indem sie den konkreter erscheinenden Begriff auf den abstrakteren zurückführt.

Definition: Eine **Größe** ist ein Element eines Größenbereiches.

Die Eigenschaften eines Größenbereiches (s. o.) beschreiben die Erfahrungen mit dem Vergleichen und Messen von Größen. Mit ihrer Hilfe kann man durchaus entscheiden, was eine Größe ist und was nicht. Sehr deutlich wird das bei den verwandten Benennungen für Zeitdauern und Uhrzeiten.

	Zeitdauern	Uhrzeiten
Vergleich	8 Std. ist weniger als 9 Std. 8 Std. < 9 Std.	8 Uhr kommt vor 9 Uhr 8 Uhr < 9 Uhr
Addition	8 Std. + 9 Std. = 17 Std.	8 Uhr + 9 Uhr = ? Aufgabe ist sinnlos
Ergänzen	8 Std. + □ = 9 Std. 8 Std. + 1 Std. = 9 Std. Lösung ist gleichartig	8 Uhr + □ = 9 Uhr 8 Uhr + 1 Std. = 9 Uhr Lösung ist andersartig

Uhrzeiten sind im Gegensatz zu Zeitdauern keine Größen, weil wesentliche Eigenschaften eines Größenbereichs nicht erfüllt sind.

Übungen

1. *Nennen Sie geeignete Repräsentanten für die Größen 8 cm, 8 DM, 8 Std. Was ist diesen Repräsentanten gemeinsam, was unterscheidet sie?*

2. *Es gibt grundsätzlich eine Vielzahl von Repräsentanten für eine Größe. Wie kann man dieses Phänomen erfahrbar machen? Betrachten Sie dazu die Beispiele aus Aufgabe 1. Halten Sie Erfahrungen zur Verschiedenheit von Repräsentanten eher für verwirrend oder eher für aufklärend?*

8.2 Kennenlernen von Größenbereichen

Im „Handbuch für den Mathematikunterricht an Grundschulen" nennen Radatz und Schipper Lernstufen, mit denen Kinder bei jedem Größenbereich Erfahrungen machen sollten. In etwas modifizierter Form sind die Stufen im Folgenden wiedergegeben.

1. Stufe: Erste Erfahrungen in Sach- oder Spielsituationen

Erfahrungen zu Größen gehen immer auf Bemühungen zurück, in einer größeren Menge von Objekten Ordnung zu schaffen. Beim Ordnen entstehen Begriffe, die fast immer entweder klassifizierend oder relational wirken. Wenn man die Kinder während des Ordnungsvorganges zum Sprechen ermuntert, können ihnen diese Begriffe und der Vorgang der Begriffsbildung zunehmend bewusst werden.

a) Der erste Blick gilt fast immer den **gemeinsamen Eigenschaften**, die innerhalb einer größeren Menge überschaubare kleinere Gruppen schaffen. So gruppieren sich in einer Menge von Spielsachen die Tiere, die Fahrzeuge und die Bauklötze fast von selbst. Einzelne Gegenstände, die keiner Gruppe anzugehören scheinen, lassen den Einordnungsvorgang und damit die Begriffsbildung ganz deutlich spüren.

b) Innerhalb einer Gruppe von als gleichartig und zusammengehörig akzeptierten Gegenständen tritt die Betrachtung der **Unterschiede** in den Vordergrund. Meist aufgrund messbarer Eigenschaften bekommt in der zunächst ungeordneten Gruppe jedes Objekt seinen Platz zugewiesen, es wird eingeordnet. Grundlage für jeden Ordnungsvorgang dieser Art ist zunächst der Vergleich zwischen je zwei der zu ordnenden Objekte. Aus den beschreibenden (klassifizierenden) Begriffen „groß" und „klein" werden die ordnenden (relativen) Begriffe „größer" bzw. „kleiner". Gerade in der Schuleingangsstufe ist es wichtig, den Schülern ausreichend Erfahrungen mit Begriffspaaren zu vermitteln und sie durch intensive Gespräche vertraut zu machen.

c) Die mathematische Sprache kennt für Größenbereiche im Wesentlichen nur das Begriffspaar größer/kleiner mit den Zeichen > und <. In der Umgangssprache ist die Vielfalt der relativen Begriffspaare viel größer. Allein für Längenvergleiche bei konkreten Gegenständen gibt es außerdem die Begriffspaare länger/kürzer, höher/tiefer, breiter/schmaler, dicker/dünner usw. Dazu kommt noch, dass reale Objekte oft mehrere verschiedene Größeneigenschaften besitzen! So hat jeder Körper sowohl ein Gewicht als auch ein Volumen, eine Oberfläche und mehrere Inhalte von Teilflächen sowie verschiedene Längen von Kanten bzw. messbaren Strecken auf der Oberfläche oder im Inneren des Körpers. Eine vorschnelle Reduzierung des Sprachgebrauchs auf die in der Mathematik üblichen Begriffe und Bezeichnungen schneidet den notwendigen Abstraktionsprozess ab und macht die mathematische Sprache untauglich zur Beschreibung von Alltagssituationen.

Ordnungsvorgänge müssen keine vereinzelten Episoden im Anfangsunterricht sein. Alles, was den Kindern in der Klasse, in der Schule und bei der Erkundung der außerschulischen Lebenswelt begegnet, ist zunächst unüberschaubar und ungeordnet – es sei denn, absichtsvolle Planung hat alle störende Unordnung schon vorweg beseitigt. Leider ist es übliche Praxis, den Kindern wohlgeordnete und auf das Wesentliche reduzierte Lernumgebungen zu präsentieren. Das ist verständlich, aber problematisch! *Ordnung ist der Endzustand nach einem Ordnungsprozess, ein Begriff ist das Ergebnis eines Abstraktionsvorganges.* Wer den Kindern nur die Endprodukte präsentiert, kann kaum darauf hoffen, dass sie den in ihnen enthaltenen Sinn wahrnehmen.

2. Stufe: Direkter Vergleich von Repräsentanten

Eine Gruppe von Schülern kann vollständig nach der Körpergröße geordnet werden, ohne ein Maßband zu benützen. Der dazu nötige direkte Vergleich von jeweils zwei Schülern durch Nebeneinanderstellen ist ein ganz natürlicher Vorgang.

Wenn das Gewicht das Ordnungskriterium sein soll, ist der experimentelle Aufwand schon etwas größer, dafür wird der direkte Vergleich stärker betont. Darüber hinaus macht der Versuch, mit möglichst wenigen Wägungen auszukommen, die **Transitivität** jeder Ordnungsrelation deutlich: Wenn Hans schwerer ist als Tina und Tina schwerer als Martin, muss man Hans und Martin nicht mehr vergleichen.

Der direkte Vergleich ist nur dann möglich, wenn die Repräsentanten gleichzeitig wahrgenommen werden können. Längen von Gegenständen vergleicht man ebenso wie Flächeninhalte durch Aufeinanderlegen, Gewichte über eine Balkenwaage oder (mit großer Unsicherheit) mit den Händen, Zeitdauern durch gleichzeitigen Ablauf der zugehörigen Vorgänge. Sehr oft können diese Bedingungen nicht hergestellt werden, weil entweder die Repräsentanten nicht an einen Ort gebracht werden können (z. B. Tür und Fenster eines Raumes) oder nicht so zusammenpassen, dass der Vergleich offenkundig ist.

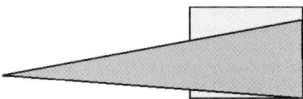

3. Stufe: Indirekter Vergleich

Der direkte Vergleich ist ganz offenkundig sehr beschränkt für praktische Zwecke brauchbar. Nur selten können die zu vergleichenden Objekte in der dafür geeigneten Weise zur gleichen Zeit am gleichen Ort zusammengebracht werden. Darüber hinaus ist der ganze Ordnungsvorgang hinfällig, wenn die einmal erreichte Ordnung wieder aufgelöst ist. Und schließlich zielt der Größenvergleich immer auch auf eine quantitative Aussage, die viel informativer ist als die häufig uninteressante Feststellung, dass ein Objekt größer ist als ein anderes:

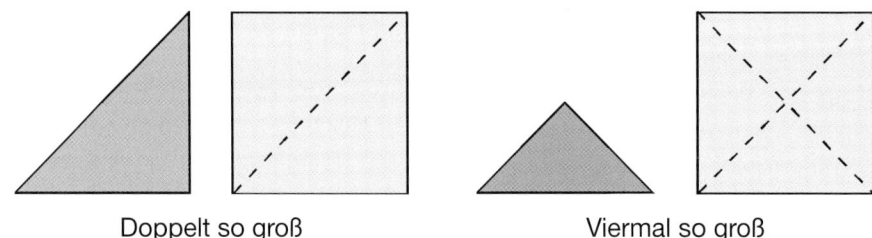

Doppelt so groß   Viermal so groß

a) Wenn der direkte Vergleich nur dadurch behindert ist, dass die beiden Repräsentanten an verschiedene Orte oder verschiedene Zeiten gebunden sind, kann die Übertragung durch ein drittes Vergleichsobjekt, einen **Mittler**, möglich sein. So kann auf einer Schnur oder einem Stab die Länge eines Objektes festgehalten und dann mit dem anderen Objekt verglichen werden.

b) Viel wichtiger und ergiebiger ist der indirekte Vergleich durch **Abtragen will-kürlicher Einheiten**, das jedem der zu vergleichenden Objekte ein Größenmaß zuordnet. Dieses konkrete Messen eröffnet den Schülern eine Fülle wichtiger Lernerfahrungen.

– Das Auslegen mit verschiedenen Vergleichsgrößen führt nicht zu brauchbaren Messergebnissen.

Sehr schnell, spätestens beim Vergleichen verschiedener Größen, wird klar, dass auf diese Weise weder etwas über die einzelnen Größen noch über ihren Unterschied ausgesagt werden kann. Wenige Übungen zeigen, dass ein Messprozess ein einheitliches Maß, eine Maßeinheit, voraussetzt.

– Prinzipiell kann die Maßeinheit beliebig ausgewählt werden.
Der eigene Körper gibt zumindest für Längen verschiedene gebräuchliche Maßeinheiten vor: Fingerbreite, Spanne, Elle, Fuß, Schritt usw. Auch Flächen können durch Hände bzw. Füße zumindest näherungsweise abgedeckt werden; für Zeitspannen kann der Pulsschlag, die Dauer von Atemzügen oder leises Zählen als Einheit dienen.
Die Messversuche mit Körpermaßen sind sehr motivierend und sollten genügend Zeit eingeräumt bekommen. Sie fördern auch die Einsicht, welche Grundbedingungen für einen Messprozess gegeben sein sollten. Zum einen ist das Abtragen von Körpermaßen erkennbar sehr ungenau und zum anderen variieren die Maße zwischen den Schülern so stark, dass gleichartige Messversuche an dem gleichen Objekt zu sehr verschiedenen Ergebnissen führen können.
Beim Arbeiten mit nicht körpereigenen Maßeinheiten lernen die Kinder wichtige Grundlagen des experimentellen Arbeitens kennen. Speziell das saubere Abtragen der einzelnen Messschritte und das exakte Anfügen des Einheitsrepräsentanten an den zuvor ausgemessenen Teil verstehen sich nicht von allein.

– Für jede Größenordnung gibt es passende und unpassende Maßeinheiten.
Die Experimente mit körpereigenen Längenmaßen machen deutlich, dass nicht jede Maßeinheit für jeden Messprozess praktisch ist. So wird kaum ein Kind auf die Idee kommen, die Länge des Klassenzimmers mit Handspannen oder gar mit Fingerbreiten auszumessen, weil die Arbeit viel zu lange dauern würde. Und umgekehrt ist es nicht sinnvoll, die Maße eines Blattes Papier in Schrittlängen oder in Ellen anzugeben. Jede Wahl einer Einheit stellt einen Kompromiss dar zwischen einer möglichst überschaubaren Anzahl von Messschritten und einer möglichst großen Genauigkeit.

– Auch „zwischen" den natürlichen Zahlen gibt es Maßzahlen.

Bei allen praktischen Messversuchen ist es ganz selbstverständlich, dass das Abtragen von Maßeinheiten fast immer ungenau ist, weil es einen Rest der zu messenden Größe nicht vollständig erfasst.

Das ist auch für die Schüler kein Problem; Sprechweisen wie „etwas mehr als fünf" oder auch „vier und ein halbes" fallen ihnen nicht schwer, solange sie über einen konkreten, von ihnen selbst ausgeführten Messprozess reden.

4. Stufe: Erkennen der Invarianz einer Größe

Eine Größe hat sehr viele Repräsentanten. Wichtige Erfahrungen zu dieser Erkenntnis machen die Schüler, wenn sie entweder bei sehr verschieden aussehenden Objekten durch Messen die gleiche Größe ermitteln oder wenn sie selbst durch Umbauen die Gestalt eines Repräsentanten verändern, ohne dass sich die Anzahl von Maßeinheiten und damit die Größe ändert. Bei den Variationen einer Größe kann sich die äußere Gestalt so ändern, dass das Augen-Maß höchst unzuverlässig wird und nur noch die Messung anhand der enthaltenen Einheiten Vertrauen verdient.

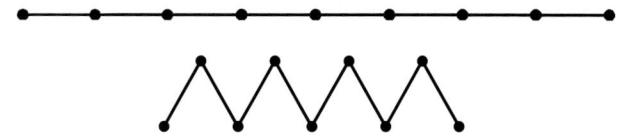

5. Stufe: Indirekter Vergleich mit standardisierten Maßeinheiten

Das Messen mit willkürlich gewählten Einheiten zeigt, dass es keine optimale Maßeinheit geben kann. Gleichzeitig wird aber offenkundig, dass eine Einigung auf eine Standard-Maßeinheit notwendig ist, um die Kommunikation über Messergebnisse zu erleichtern. Die Schüler verstehen so, wie die gebräuchlichen Maßeinheiten zustande gekommen sind, und haben keine Schwierigkeiten, sie zu übernehmen.

Neben der Einsicht in den Sinn von Normierungen sollten die Schüler auch noch erfahren, wie Messinstrumente den doch etwas mühsamen und fehlerträchtigen Messprozess vereinfachen und sicherer machen. So entsteht ein selbst hergestelltes Maßband durch einen einzigen, sorgfältig durchgeführten Messvorgang, um anschließend viele Längenmessungen zu vereinfachen.

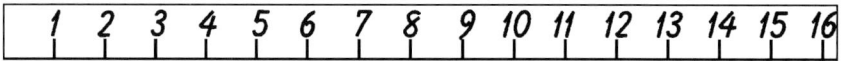

Als einfache Stoppuhr kann ein Pendel dienen. Ein Fadenpendel mit einer Schnurlänge von 1 m braucht fast genau 1 Sekunde für eine halbe Schwingung. Dagegen ist es prinzipiell unmöglich, ein Messinstrument für Flächeninhalte herzustellen.

6. Stufe: Messen mit technischen Hilfsmitteln

Messinstrumente helfen den Kindern dabei, ihre Umwelt bewusst wahrzunehmen. Ein Gegenstand, den man genau vermessen hat, ein Ablauf, dessen Dauer man exakt registriert hat, ist durch den Messvorgang viel vertrauter geworden. Gleichzeitig entwickeln sich dabei Größenvorstellungen, d. h. die Fähigkeit, Größen zuverlässig zu schätzen und umgekehrt Zahlen (in Form von Maßzahlen) in einen konkreten Kontext einzubetten. Es lohnt sich deshalb, mit Messinstrumenten durch die Gegend zu ziehen und möglichst viele Messungen vorzunehmen.

Beim Umgang mit Messinstrumenten speziell für Längen wird auch die Bedeutung der Zahl 0 noch einmal verdeutlicht. Während keine Messung die Maßzahl 0 mit Sinn versehen kann, benennt auf jeder Skala die Zahl 0 den Ausgangspunkt für die Messung. Kinder brauchen gewöhnlich einige Übung, bis sie den Rand ihres Lineals nicht mehr mit dem Nullpunkt verwechseln.

7. Stufe: Verfeinern und Vergröbern der Maßeinheiten

Das Lineal zeigt schon von Beginn an, dass 1 cm nicht die einzige Längenmaßeinheit ist. Beim Abmessen kleinerer Gegenstände brauchen die Kinder nur wenig Anleitung, um von den Millimeterstrichen sinnvollen Gebrauch zu machen. Wenn die Gegenstände dagegen Körpergröße erreichen oder noch größer sind, muss das Lineal dem Maßstab oder dem Maßband Platz machen, auf dem die wichtigste Maßeinheit 1 m ist. Beim Erkunden der weiteren Umgebung der Schule verlieren dann auch genaue Angaben in Metern ihren Sinn; sie werden durch gerundete Maße oder gar durch Angaben in km ersetzt. Man sollte mit den Schülern unbedingt einmal die Entfernung von 1 km mit den Füßen ausgemessen haben, auch wenn eine sichere Größenvorstellung mehr als nur diese singuläre Erfahrung benötigt.

Auf einer Uhr sind immer Stunden und Minuten, in vielen Fällen auch Sekunden gleichzeitig zu sehen. Die Existenz der verschiedenen Maßeinheiten ist den Schülern deshalb sehr früh bewusst. Die konkreten Erfahrungen sind dagegen auf zwei Ebenen angesiedelt: Nur Vorgänge von kurzer Dauer (bis maximal 5 Minuten) können bewusst mit einem Messvorgang verbunden werden, während zu Abläufen im Bereich von Stunden oder Tagen zwar sehr viele Erfahrungen vorliegen, die aber von dem Geschehen während des Ablaufes deutlich überlagert werden. Bestes Beispiel dafür ist die Dauer einer Unterrichtsstunde (45 Minuten). Es kann nicht im Interesse der Lehrerin liegen, eine Stunde so inhaltsleer zu gestalten, dass die Kinder in erster Linie auf das Fortschreiten der Zeit achten können.

8. Stufe: Rechnen mit Größen

Ausgiebige Messerfahrungen sind für konkrete Vorstellungen von Größen unerlässlich. Sie allein genügen aber nicht, um einen brauchbaren Größenbegriff zu bilden! Ebenso wie das Zählen nur die Eintrittskarte in den Bereich der Zahlen ist, verhilft Messen nur zu einem ersten Kennenlernen einiger Elemente von Größenbereichen. Und ebenso wie Zahlen erst zu Zahlen werden durch systematische Rechenerfahrungen, wird die Struktur von Größenbereichen erst einsichtig, wenn das Zusammenfügen, Ergänzen und Zerlegen von Größen ebenso vertraut ist wie das Vervielfachen und Teilen sowie die Umrechnung von Maßeinheiten.

Das alles ist Inhalt des Sachrechnens, aber auch der Übungen zur Arithmetik und ist an anderer Stelle schon beschrieben worden. Anspruchsvollere Rechenübungen wie das Umrechnen von Einheiten sind auch eher in späteren Schuljahren anzusiedeln. Aber schon die ersten Größenerfahrungen sollten sich auch mit dem Zusammensetzen bzw. Zerlegen von Größen befassen.

Übungen

3. *Schneiden Sie sich einige Streifen von 4 cm und 6 cm Länge aus. Die Stäbe können Sie beliebig aneinander setzen bzw. auch Teile wieder abdecken. Welche Längen können Sie so herstellen?*

4. *Was ändert sich, wenn die Streifen 4 cm und 7 cm lang sind?*

5. *Zerschneiden Sie einen 20 cm langen Streifen in 3 Teile, die Sie zu einem Dreieck legen. Gibt es Bedingungen für die Längen der Teile, damit die Aufgabe lösbar ist? Versuchen Sie, die drei Teillängen so zu wählen, dass der Inhalt des Dreiecks besonders groß ist. Bei der Beurteilung des Inhaltes genügt der Augenschein.*

8.3 Größenbereiche in der Eingangsstufe

Die oben geschilderte Stufenfolge beim Kennenlernen von Größenbereichen zeigt, wie dieser Unterrichtsgegenstand Anlass für eine große Vielfalt von lohnenden Lernaktivitäten sein kann. Die Reihenfolge der Stufen entspricht dem Konzept eines genetischen, nacherfindenden Unterrichts, in dem die Kinder sowohl das Prinzip eines Messprozesses wie auch das Zustandekommen einer normierenden Vereinbarung aktiv entdecken können. Allerdings sollte die Stufenfolge nicht als methodisches Korsett missverstanden werden. Jeder Größenbereich hat seine eigenen Bedingungen; in einigen Fällen ist es auch gar nicht möglich, die Stufenfolge exakt einzuhalten.

In den Klassen 1 und 2 sehen die Lehrpläne in der Regel die Behandlung von Geldwerten, von Längen sowie Zeitspannen vor. Das Auslegen von Flächen ist meist ebenfalls vorgesehen, allerdings unter dem Oberthema Geometrie.

a) Geldwerte

Beim Umgang mit Geld verbietet sich die genannte Stufenfolge von allein. Preise von Gegenständen können nicht „gemessen" werden, sie werden vielmehr aufgrund von wirtschaftlichen Überlegungen festgesetzt. Preisvergleiche sind zwar möglich, allerdings nur auf der formalen Ebene. Darüber hinaus sind Gegenstände, die mit dem gleichen Preis ausgezeichnet sind, nicht gleichwertig, weil sie nicht einfach ausgetauscht werden können.

Bei Geldwerten existiert in Form von Münzen und Geldscheinen eine zweite Ebene möglicher Repräsentanten. Auf dieser Ebene sind viele konkrete Erfahrungen mit Größen möglich und sinnvoll. Übungen zum Wechseln zeigen, dass jeder (größere) Geldbetrag auf sehr viele verschiedene Weisen repräsentiert werden kann.

Übung

6. *75 Pf lassen sich auf sehr viele verschiedene Weisen mit Münzen kombinieren. In der Tabelle sind vier Möglichkeiten angegeben.*
   Suchen Sie weitere!
   Versuchen Sie systematisch zu bestimmen, wie viele Möglichkeiten es insgesamt gibt.

50	10	5	2	1
1	2	1		
1		5		
	5	4	2	1
	4	5	5	

Die derzeit aktuelle Umstellung auf die Euro-Währung schafft noch ein spezifisches Problem, weil für einen begrenzten Zeitraum zwei Währungssysteme nebeneinander existieren, wodurch natürlich vermehrter Übungsbedarf entsteht. Andererseits ist bei den neuen Sorten die Lücke in der Systematik geschlossen, die bei der deutschen Währung durch das Fehlen einer Münze zu 20 Pf aus mathematischer Sicht störend wirkte. Das System der europäischen Geldsorten entspricht durchwegs einem untergliederten Dezimalsystem.

Geldscheine									Münzen					
Euro									Cent					
500	200	100	50	20	10	5	2	1	50	20	10	5	2	1

Die Gliederung der Geldsorten behebt das für den praktischen Gebrauch (und für konkrete Lernhandlungen in der Schule!) sehr hinderliche Problem des Dezimalsystems, dass jeweils immer 10 Objekte einer Sorte für den Umtausch benötigt werden. Die Untergliederung der Münzen und Scheine lehnt sich an das Dualsystem an, bei dem immer schon 2 gleichartige Objekte umgetauscht werden können. Allerdings ist es nicht vollständig möglich, dieses Prinzip durchzuhalten. Andererseits sorgt gerade diese Inkonsequenz für interessante Erfahrungen bei den Umtauschübungen, wie sie oben angedeutet wurden.

Während der Zeit der Koexistenz zweier Währungssysteme kommt noch die Aufgabe der Umrechnung zwischen den Währungen hinzu. Sie kann allerdings wegen der günstigen Relation zwischen DM und Euro mit der ohnehin notwendigen Übung des Verdoppelns und Halbierens gekoppelt werden, die auf diese Weise eine zusätzliche Verstärkung und Motivation bekommt.

Zweifellos ist die Vertrautheit im rechnerischen Umgang mit Geld eine wichtige Aufgabe für die Schule. Vielfältige Simulationen von Einkaufssituationen verbinden schulisches Lernen mit der Lebenspraxis der Kinder. Bei einem improvisierten Flohmarkt im Klassenzimmer steht wie in der Realität das Interesse an den zu erwerbenden Gegenständen im Vordergrund, während das Hantieren mit dem Spielgeld eher Mittel zum Zweck ist und nebenher gelernt und geübt wird. Anders ist das bei einfachen Textaufgaben, die für mathematische Operationen einen (meist nur gedanklichen) Sachhintergrund schaffen.

Das Unterrichtsthema „Geldwerte" beleuchtet die im vorigen Kapitel dargestellte Problematik des Sachrechnens besonders deutlich. Die Behandlung des Themas in der Schule sorgt nicht automatisch dafür, dass die Schüler im Alltag besser und bewusster mit Geld umgehen können! Viele Schüler kennen die Geldsorten schon und können recht geläufig mit ihnen agieren, bevor sie ihnen in der Schule begegnen. Wenn ihnen dann keine Aufgaben gestellt werden, in denen sie ihre Kenntnisse zumindest überprüfen und neu sortieren müssen, lernen sie fast nichts hinzu. Und auch die Schüler, die gar keine oder nur unsichere Kenntnisse von der Materie haben, lernen nur dann etwas praktisch Verwertbares, wenn ihnen über die bloße Repräsentation von Rechenaufgaben durch Geldwerte hinaus ausreichend Gelegenheit zu möglichst konkreten Aktivitäten geboten wird.

b) Längen

Die didaktische Stufenfolge wird in der Regel durch das Beispiel der Längen illustriert. Trotzdem ist auch in diesem Bereich die Reihenfolge nicht zwingend nötig; auch hier müssen die Kinder nicht in völliges Neuland eingeführt werden. Allen Kindern sind Messinstrumente (Maßstab) und Maßeinheiten mindestens bekannt, allerdings bringen – im Gegensatz zum Geld – nur wenige Kinder wirklich gesicherte Vorkenntnisse mit. Gerade deshalb bietet es sich durchaus an, das natürliche Interesse der Kinder an einer als nützlich und wichtig erkannten Technik zu befriedigen. Praktische Fertigkeiten lernt man am besten durch praktisches Tun; beim Vermessen der näheren Umgebung in der Schule mit dem Maßstab lernen die Kinder das Instrument wie auch die vermessenen Objekte besser kennen.

Es ist also möglich und sinnvoll, im Bereich der Längen mit dem Gebrauch technischer Hilfsmittel zu beginnen und die anderen Lernstufen, die der umfassenden Begriffsbildung dienen, nachträglich mit den Kindern zu durchlaufen. Sie haben ihren Sinn dann keinesfalls verloren, vielmehr haben Kinder in der Regel echtes Interesse daran, wie ein Instrument, mit dem sie vertraut sind, funktioniert.

Über Längenmessungen bekommt man die Standardveranschaulichung für Zahlen: den Zahlenstrahl! Das Abtragen der Vielfachen einer Einheitslänge von einem festen „Nullpunkt" aus auf einem Strahl ergibt die Zahlenpunkte.

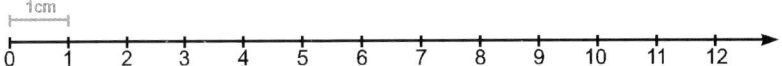

Wesentliches Problem bei Längen ist die Messgenauigkeit: Längen an konkreten Gegenständen passen sehr selten genau auf die Markierungen des Maßstabes. Bewusstes **Runden** und Überlegungen zu eventuell notwendigen Verfeinerungen der Maßeinheit sind deshalb auf jeder Stufe des Umgangs mit Längen notwendig.

c) Flächeninhalte

Elementare Formerfahrungen durch Auslegen von Figuren und durch Aufbau komplexerer Figuren aus einfachen Bausteinen sind schon in den ersten Schuljahren möglich und sinnvoll. Dabei bekommen die Kinder über die Anzahl der benötigten Plättchen eine erste Vorstellung von Flächeninhalten; auch die Abhängigkeit der Maßzahl von der benutzten Maßeinheit wird bei der Verwendung verschiedenartiger Plättchen deutlich. Dagegen können systematische Kenntnisse zu einer sinnvollen Normierung der Maßeinheiten, zur Beziehung der Maßeinheiten untereinander und zur effektiven Ermittlung von Flächeninhalten (durch Rechnung!) erst nach umfangreichen weiterführenden Übungen gewonnen werden.

d) Zeitdauern

Alle Größenbereiche haben ihre ganz spezifischen Eigenschaften, die sie von allen anderen unterscheiden. Das gilt ganz besonders für den Größenbereich der Zeitdauern. Seine Charakteristika haben unmittelbare Auswirkung auf die Behandlung in der Schule.
– Repräsentanten für Zeitdauern sind nicht räumlich sichtbar, sondern nur zeitlich erlebbar. Sie können also auch nicht durch ein Bild, sondern höchstens durch eine Folge von Bildern dargestellt werden.
– Die Messung von Zeitdauern ist fast immer überlagert von den individuellen Erlebnissen während der Messung, weshalb es sehr schwer ist, eine objektive Größenvorstellung zu gewinnen.
– Wie bei Längen ist es sehr leicht, durch Hintereinanderfügen von „Einheiten" ein Maß für die Dauer eines Vorganges zu gewinnen. Während die Schüler aber ein recht präzises Maßband ohne großen Aufwand selbst herstellen können, fällt es wesentlich schwerer, beim Messen von Zeitdauern die gleiche Größe der abgetragenen „Einheiten" zu gewährleisten.
– Ein Fehler, der bei einer Zeitmessung unterläuft, ist nachträglich nur dann korrigierbar, wenn der gleiche Vorgang wiederholt werden kann.
– Zeitdauern werden sehr häufig über die Zeitpunkte von Beginn und Ende eines Vorganges beschrieben. Die Erfahrung der Größe ist dadurch untrennbar mit der Information über Skalenpunkte verbunden – so sehr, dass es schwer fällt, die beiden Bereiche sauber zu trennen. In vielen Sprachen gibt es überhaupt

keinen Unterschied zwischen der Angabe von Zeitpunkten und Zeitdauern; im Deutschen wird nur im Bereich der Stunden differenziert (2 Uhr bzw. 2 Stunden).

– Das Maßsystem bezieht sich teilweise auf naturgegebene Rhythmen des Lebens (Jahr und Tag). Seine weitere Gliederung mit der starken Orientierung an der Einheit 60 ist ausschließlich historisch bedingt und kann deshalb kaum begründet, sondern nur mitgeteilt werden.

Für die Unterrichtspraxis ergeben sich daraus folgende Konsequenzen:

– Beim Messen mit willkürlichen Einheiten (Pulsschlag, leises Zählen, Takt schlagen) erfahren die Schüler insbesondere, dass individuelle Messungen nicht sehr präzise und schlecht vergleichbar sind. Trotzdem sollten solche Übungen, auch Versuche zur Perfektionierung z. B. mit Pendeln, genügend Raum bekommen, um das Zeitgefühl der Schüler zu schulen.

– Die Arbeit mit der Uhr als wichtigstem Zeitmessinstrument konzentriert sich zunächst auf das Ablesen von Zeitpunkten. Zeitpunkte und ihre verschiedenartigen Sprech- und Schreibweisen **(analoge und digitale Anzeigen!)** kann man nur durch Übernahme vorgegebener Normen und Gebräuche erlernen. Dieser Unterrichtsgegenstand ist prädestiniert für die Information durch die Lehrerin und durch systematische Übungen besonders zur Übertragung zwischen den verschiedenen Darstellungsformen.

– Verschiedene Angaben von Zeitpunkten gliedern einen Zeitraum. Die Abstände zwischen den Zeitpunkten werden durch gedankliche Sprünge überwunden, die auf der Uhr durch Drehen der Zeiger konkretisiert werden. Wie beim Addieren und Subtrahieren im Zahlenraum können schwierigere Sprünge zunehmend sicher aus einfachen Bewegungen zusammengesetzt werden:

Springen innerhalb einer Stunde

9.10 Uhr ___*35 Min.*___➤ 9.45 Uhr

Springen zur vollen Stunde und von der vollen Stunde

9.10 Uhr ___*50 Min.*___➤ 10.00 Uhr ___*25 Min.*___➤ 10.25 Uhr

Springen um volle Stunden

9.10 Uhr ___*1 Std.*___➤ 10.10 Uhr ___*15 Min.*___➤ 10.25 Uhr

9. Geometrische Formen

9.1 Begriffsbildung bei geometrischen Formen

Wie Zahlen sind auch geometrische Formen **Eigenschaften** von Objekten des Anschauungsraumes. Daneben gibt es noch viele andere Eigenschaften wie Farbe, Material, Nutzen usw. Mathematische Eigenschaften wie Maß(zahl) und Form sind exakt messbar und beschreibbar. Bei ihnen kann man deshalb den Abstraktionsprozess, der mit jeder Begriffsbildung verbunden ist, besonders gut beobachten und bewusst vollziehen.

Wie alle anderen abstrakten Eigenschaften werden geometrische Formen durch das Abstreifen (wörtliche Übersetzung von **Abstrahieren**) der anderen Eigenschaften gebildet. Das ist nicht möglich, wenn nur ein Beispiel betrachtet wird, weil die Schüler als nicht vorinformierte Betrachter kaum wissen können, unter welchen Gesichtspunkten das Beispiel ausgewählt wurde, d. h. welche seiner Eigenschaften hervorgehoben werden soll.

Beispiel: Mit einem leeren Blatt Papier wird nicht unbedingt der Inhalt des Begriffs „Rechteck" assoziiert. Für Kinder ebenso interessant sind sein Gewicht (leicht), seine Dicke (dünn), seine Farbe (weiß) und vor allem die vielen Möglichkeiten, wie das Papier benutzt werden kann: zum Bemalen, zum Beschreiben, zum Falten! Und selbst wenn die Aufmerksamkeit auf die Form gelenkt werden kann, so ist der gewünschte Begriff noch immer nicht selbstverständlich. Jede allgemeinere Vierecksform, sogar das beliebige Viereck kann gemeint sein. Folgerichtig heißt bei vielen Kindern auch in späteren Schuljahren jedes spezielle Viereck, ja auch ein Quader oder Würfel einfach „Viereck". Die Schüler zeigen so, dass sie die besonderen Eigenschaften von Vierecken nicht genügend abstrahiert haben.

Abstraktion setzt die Erfahrung einer **Vielzahl von Objekten mit einer gemeinsamen Eigenschaft** voraus, bei der alle anderen Eigenschaften variieren. Neben der Beschreibung durch vielfältige Beispiele braucht eine Begriffsbildung auch immer die **Abgrenzung durch Gegenbeispiele**.

Beispiel: Rechteck als spezielles Viereck. Rechtecke werden aus einer Menge von Vierecken ausgesondert.

107

Geometrische Formen haben einen großen Begriffsumfang. Rechtecke können sehr verschieden aussehen; ihre Erscheinung hängt ab von
– der Länge der Seiten,
– dem Verhältnis der Seitenlängen (der Proportion) und
– der Orientierung auf dem Papier.
Das Ausloten der möglichen Erscheinungsformen ist für eine sichere Begriffsbildung notwendig. Auch in der Schuleingangsstufe hilft die Beschränkung auf Standardformen in Standardlage den Schülern nicht, weil sie den Kern des Lerninhaltes versteckt und Unsicherheit erzeugt statt Klarheit zu schaffen. Als Übung zur Erfassung des Begriffsumfanges sollten die Schüler deshalb Gelegenheit bekommen, selbst vielfältige Formen des gewünschten Typs herzustellen.

Beispiel: Legen von Rechtecken mit Streichhölzern. Schnell entdecken die Schüler, dass nur gerade Anzahlen ($\geq$ 4) von Hölzchen geeignet sind und dass mit wachsender Anzahl der Hölzchen die Anzahl der möglichen Rechtecke ebenfalls wächst. Weiter kann man sich noch recht gut darüber unterhalten, ob verschieden gelegte Rechtecke mit übereinstimmenden Seitenlängen als gleich bezeichnet werden sollen oder nicht. Schließlich stellt sich zumindest fast zwangsläufig die sonst gerne vermiedene Frage, ob das Quadrat ebenfalls als Rechteck bezeichnet werden soll! Und die durchgeführte Handlung zeigt, dass die im mathematischen Sinne korrekte Antwort (ein Quadrat ist ein spezielles Rechteck) auch vernünftig ist.

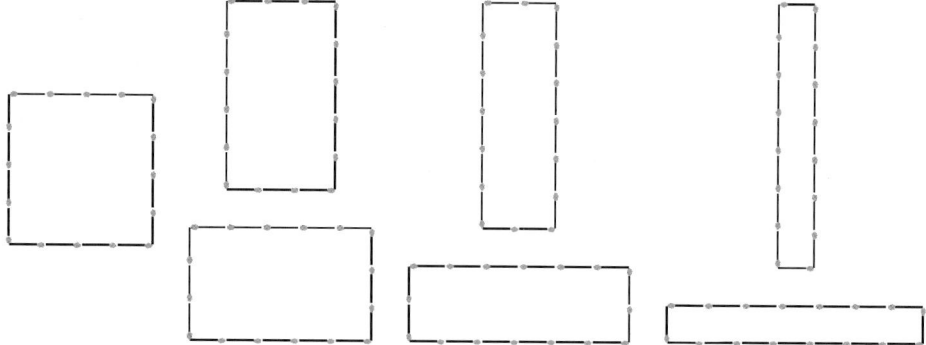

Übung

1. Schneiden Sie sich durch Halbieren von Quadraten einen Vorrat von gleichschenklig rechtwinkligen Dreiecken aus. Aus den Dreiecken können Sie auf verschiedene Weisen wieder Quadrate legen. Wie viele Dreiecke brauchen Sie jeweils dazu?

2. Aus den Dreiecken können Sie auch größere Dreiecke gleicher Form legen. Warum ist es nicht möglich, ein Dreieck mit anderer Form zu legen?

Zur Hinführung auf geometrische Formbegriffe bringt man meist einige Gebrauchsgegenstände mit, an denen die Kinder die gewünschte Form entdecken können. Im Falle des Rechtecks sind das quaderförmige Schachteln aller Art, weil deren Seitenflächen alle rechteckig sind. Bücher und Hefte sowie Papierblätter weisen darauf hin, dass nicht die dreidimensionale Gestalt des Quaders, sondern eine zweidimensionale Form gemeint ist. Anschließend begibt man sich dann auf die Suche, um die Form des Rechtecks in der Umgebung inner- und außerhalb des Klassenzimmers zu entdecken. Und weil die Form des Quaders bei Räumen und Einrichtungsgegenständen vorherrscht, wird man auch überall fündig, die Kinder entdecken und benennen eine Vielzahl von Rechtecken.

Aktivitäten dieser Art sind ausgesprochen sinnvoll und wichtig, weil geometrische Begriffe im Grundschulunterricht nur sinnvoll sein können, wenn sie als Beitrag zur Erschließung der Umwelt der Schüler verstanden werden. Für die Einführung und Konstruktion geometrischer Begriffe erscheinen sie aber nur bedingt geeignet. Zum einen gibt die Lebenswelt der Kinder nur im Fall des Rechtecks und des Quaders genügend Beispielmaterial her, um von den vielen anderen Eigenschaften der einzelnen Repräsentanten zu abstrahieren. Zum anderen muss die Unterscheidung von Gegenbeispielen und die Untersuchung von Sonderfällen oft recht künstlich motiviert werden.

Die Entdeckung einer geometrischen Form in der Realität kann den Abstraktionsprozess auf sehr natürliche Weise unterstützen, wenn sie erst nach einer einführenden Phase der Konstruktion und Erkundung des Begriffsumfanges, wie sie oben angedeutet wurde, erfolgt. Durch die Anwendung und Erprobung eines zwar in konkreten Lernhandlungen erworbenen, aber doch mehr theoretischen Wissens kann der Begriff eine tiefere Bedeutung bekommen. Denn wenn gezielt nach einer speziellen Form gesucht wird, liegt die Frage nach dem Zweck gerade dieser Formgebung nahe und sie kann auch gelegentlich erörtert werden, ohne die Kinder zu überfordern. Besonders die Rolle geometrischer Grundformen als Baustein für komplexere Formen (s. 9.3) kann auf diese Weise Aufmerksamkeit finden.

9.2 Begriffsbildung und Mengenbildung

Abstraktion ist die wesentliche Denktätigkeit bei der Begriffsbildung. Abstrahieren („Abziehen") bedeutet Absehen von zufälligen, mit dem gemeinten Begriff nicht verbundenen Eigenschaften von Objekten. Voraussetzung dafür ist ein ausreichender Überblick über die Objekte, die den Begriff repräsentieren – nur dann ist klar, was den Begriff ausmacht und welche Eigenschaften der Objekte abstrahiert werden können. Abstraktion zeigt sich in der Sicherheit der Unterscheidung von Beispielen und Gegenbeispielen (das heißt in der Fähigkeit repräsentative Beispiele auszuwählen).

Mathematische Sprechweise:

Eine **Menge** fasst Objekte (mit einer oder mehreren gemeinsamen Eigenschaft(en)) zu einer Gesamtheit zusammen. Gleichzeitig trennt die Menge auch die Gegenbeispiele, die durch sie nicht erfassten Objekte aus der Grundmenge, ab.

Beispiel: Innerhalb einer großen (Grund-)Menge von Vierecken beschreiben alle, deren Seiten senkrecht aufeinander stehen, den Begriff „Rechteck". Diese Beschreibung ist nur dann brauchbar, wenn sie genügend variabel ist (Variation von Größe, Proportion, Lage), wenn Sonderfälle und Grenzfälle (Quadrate, extrem „schmale" Rechtecke) diskutiert sind und wenn Gegenbeispiele die Eigenschaften abgrenzen. **Begriffsbildung ist also Mengenbildung!**

Anwendung für die Schule: Die Bildung (Abstraktion) von Begriffen braucht grundsätzlich
- **Anschauung** durch eine möglichst umfangreiche Sammlung von *Beispielen*: Argumentation anhand von Beispielen statt dauernder Wiederholung der gleichen Begriffe!
- Überlegungen (gemeinsam mit den Schülern) zur **Repräsentanz** der Beispiele: Aufsuchen besonders *„typischer"* Beispiele, von *Sonderfällen* (besonders einfach bzw. extrem), *systematische Anordnung* der Beispiele,
- **Abgrenzung** des Begriffs durch Untersuchen von *Grenzfällen* und *Gegenbeispielen.*

(Mathematische) Begriffe werden – als Mengen interpretiert – selbst zu mathematischen Objekten, mit denen dann Mathematik betrieben werden kann. Konkrete Verknüpfungen von Mengen entsprechen dabei logischen Verknüpfungen der entsprechenden Begriffe (d.h. der Eigenschaften der Objekte). Beispielsweise besteht der Durchschnitt zweier Mengen genau aus den Objekten, die zu beiden Mengen gehören, die also beide kennzeichnenden Eigenschaften besitzen. Die Bildung von Schnittmengen entspricht somit der „Konjunktion" („und") von Begriffen. Dieser Zusammenhang zwischen konkreten Operationen mit Mengen und der Verknüpfung von Begriffen kann an dieser Stelle nur angedeutet werden.

9.3 Geometrische Formen als Bausteine

Die Bedeutung einfacher geometrischer Formen liegt weniger darin, dass sie einzeln besonders häufig vorkommen, sondern darin, dass alle wesentlichen Formen aus wenigen Typen einfacher Formen zusammengesetzt werden können.

Geometrische Grundformen sind die Bausteine für eine komplexe Welt!
- Dreiecksformen sind isoliert sehr selten, aber jede beliebige (geradlinig begrenzte) ebene Figur lässt sich in Dreiecke zerlegen.
- Gegenstände mit rechteckig begrenzten Formen lassen sich gut kombinieren (stapeln).
- Mit quadratischen Fliesen lassen sich größere Flächen gut und regelmäßig auslegen ...

In ihrer Funktion als Bausteine, im Zusammenspiel mehrerer (identischer bzw. verschiedener) Objekte werden die geometrischen Eigenschaften der Formen besonders deutlich, weil sie nicht nur betrachtet, sondern aktiv benutzt werden:
– Passen Flächen (Seiten) aufeinander?
– Welche Figuren lassen sich miteinander kombinieren?
– Aus welchen Teilen lässt sich eine größere Figur zusammenbauen?

Prinzip: Eine vereinzelte geometrische Figur ist uninteressant – und deshalb lernt man an ihr auch wenig!

Wichtiger als die Beschreibung von geometrischen Objekten ist deshalb der handelnde Umgang mit den Objekten.
Übungen für die Grundschulgeometrie:
– Figuren nachbauen (Formen erkennen, umkehrbar zuordnen)
– Aus welchen Formen lässt sich ein Haus … bauen? (Geometrische Grobstruktur erkennen)
– Welche Figuren lassen sich aus lauter Quadraten … besonders gut bauen? („Bewegungsdimensionen" von Figuren erkennen)
– Mit welchen Formen lässt sich eine Figur auslegen? (Maß- und Formvergleiche)
– Figuren farblich gestalten (Geometrische Struktur hervorheben) …

Übung

3. Zeichnen Sie verschiedene Figuren, die als Sterne bezeichnet werden können. Aus welchen einfacheren Teilfiguren sind die Sterne zusammengesetzt?

9.4 Zahl und Form

Die mit Bausteinen erzeugten Formen hängen nicht nur von der Form der Bausteine, sondern in gleicher Weise auch von der Anzahl der verwendeten Bausteine ab. Auf diese Weise wird eine enge Beziehung zwischen geometrischen Formen und Zahlen hergestellt. Figuren wird über die Anzahl der Bausteine ein Maß zugeordnet (das in etwa dem Flächeninhalt entspricht) und umgekehrt werden Anzahlen von Bausteinen übersichtlich angeordnet und strukturiert („in Form gebracht").

Der **Form-Zahl-Aspekt** beschreibt die Beziehung zwischen Zahl- und Formeigenschaften.

a) Die Zahleigenschaften geometrischer Formen
– Jede geometrische Form wird durch Zahlen charakterisiert.
– Jeder Baustein-Typ hebt spezielle Zahlen hervor.
– Jede Zahl-Form schafft Verwandtschaft zwischen Zahlen und damit Zahl-Begriffe.

Zu a)

Wenn eine geometrische Form gebaut werden soll, braucht man ganz bestimmte Anzahlen von Bausteinen:

– Hölzchen zum Legen der Seiten, (kreisförmige) Plättchen zum Markieren der Eckpunkte oder Plättchen zum Auslegen der Form.

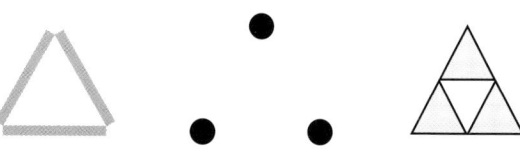

– Je nach Baustein-Typ sind andere geometrische Formen und damit andere Anzahlen (von benötigten Bausteinen) nahe liegend.
Beispiel: Mit Quadraten baut man vorwiegend Rechtecke (Mauern) oder Treppen. Mit Dreiecken ergeben sich in erster Linie größere ähnliche Dreiecke, Rauten (bzw. Parallelogramme) und sechseckige Formen.

– Jede für eine Zahl typische Form kann in verschiedener Größe gebaut werden. Damit ist sie auch für eine ganze (unendliche) Folge von Zahlen charakteristisch. Die so erzeugten Zahlen haben damit eine gemeinsame Eigenschaft, sie sind „verwandt". Manchmal haben sie sogar einen gebräuchlichen gemeinsamen Namen – wenn nicht, kann man einen geeigneten Namen erfinden.
Beispiel:
„Treppenzahlen"

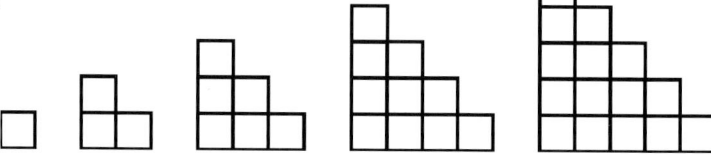

Zu b)

– Zu jeder Zahl gehören charakteristische geometrische Formen.
Die für eine bestimmte Anzahl charakteristischen Formen hängen z. T. stark von der Form der verwendeten Plättchen ab.

Beispiel: 3 gleichartige Plättchen kann man auf unendlich viele Weisen anordnen. Nur wenige davon aber sind „natürlich".
Mindestens die Form des (gleichseitigen) Dreiecks ist ausschließlich für die Zahl 3 charakteristisch.

– Wenn eine Anzahl von Plättchen übersichtlich (in einer geometrischen Form) angeordnet ist, kann die Gliederung der geometrischen Form in ihre Teilformen immer auf eine zugehörige Zerlegung der Anzahl der Bausteine übertragen werden.

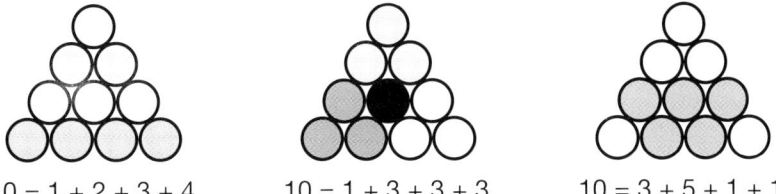

$$10 = 1 + 2 + 3 + 4 \qquad 10 = 1 + 3 + 3 + 3 \qquad 10 = 3 + 5 + 1 + 1$$

– Bei der Erzeugung von „typischen" Zahlbildern tauchen bestimmte Formen immer wieder auf. Die Klärung, welche Formen als „ähnlich" angesehen werden sollen, führt zu geometrischen Begriffsbildungen.

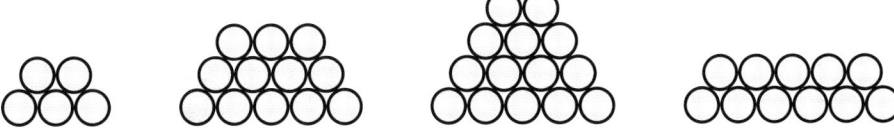

Beispiel: Der Begriff „Trapez" liegt für die verschiedenen nach oben zulaufenden Mauern aus Kreisen sicher nicht nahe – aber auch eine Einigung auf „breites Dach" o. Ä. erzeugt Vorerfahrungen zum Begriff „Trapez".

9.5 Subjektive Erfahrungsbereiche

Beim Umgang mit Lernmaterialien – speziell mit geometrischen Bausteinen – fällt es den Schülern meist sehr schwer, sich rasch auf die von der Lehrerin gewünschten Erfahrungen zu konzentrieren. Der spürbare Wunsch der Schüler, unreglementiert mit den Materialien umgehen zu dürfen, spricht nicht für mangelndes Interesse am Stoff, sondern zeigt, dass der geplante Lerninhalt nur einer von vielen ist, der mit dem Material erschlossen werden kann. Beim **freien Spiel** mit Lernmaterialien, beim Verwirklichen eigener Interessen bilden sich **subjektive Erfahrungsbereiche**, deren Bedeutung für das Lernen nicht hoch genug eingeschätzt werden kann.

Im freien Spiel wird eine individuelle Beziehung zur Sache aufgebaut, der Lerninhalt vorstrukturiert und es werden nicht planbare mathematische Erfahrungen gemacht, die auch das Lernen der anderen Schüler befruchten können. Andererseits macht jedes Lernmaterial neben der didaktischen Absicht, die zu seiner Herstellung führte, noch andere Erfahrungen möglich, die der natürlichen Neugier der Schüler nicht verborgen bleiben. Wenn diese Neugier durch eine verordnete Konzentration auf „das Wesentliche" unterbunden wird, muss man damit rechnen, dass die Kinder ihr immer wieder doch nachgeben werden und dann den geplanten Unterricht stören.

Bei jeder Form von Lernen bildet und erweitert jeder Schüler seinen subjektiven Erfahrungsbereich. Auch bei völlig gleichschrittigem Unterricht nimmt jeder Schüler den Unterrichtsgegenstand auf seine ganz individuelle Weise wahr und sondert seine eigenen Informationen aus. Die Idee eines einheitlichen Lernprozesses mit einheitlichem Ergebnis ist eine Illusion! Beim freien Spiel wird diese Tatsache in den Unterricht bewusst eingeplant. Aber auch jede offene Aufgabenstellung, die verschiedene Aktivitäten der Schüler zulässt, fördert die Ausbildung subjektiver Erfahrungsbereiche.

Im Bereich der Grundschulgeometrie bietet es sich ganz besonders an, Schüler durch offene Aufgabenstellungen zu individuellen Lernaktivitäten anzuregen. Andererseits bleiben subjektive Erfahrungen leicht unverbindlich, wenn sie nicht als Bestandteil des Lernprozesses einer Lerngruppe wahrgenommen werden. Dazu ist es notwendig, den intersubjektiven Austausch zwischen den Schülern zu fördern. Ein geeignetes Mittel dazu ist der Auftrag, sich aufgrund vielfältiger Eigenproduktionen auf ein oder mehrere repräsentative Ergebnisse zu verständigen.

Als Beispiel soll eine genauere Untersuchung der von den Spielwürfeln bekannten **Augenzahlen** dienen. Sie kann auf besonders fruchtbare Weise die Verbindung zwischen Zahl- und Formvorstellungen fördern.

Bis zur Zahl 6 sind die üblichen Symbole (s. auch Abschn. 1.2) so vertraut, dass es schwer ist, sich ein anderes Bild zu machen. Aber dann wird es interessant! Es gibt zwar unendlich viele Möglichkeiten, 7, 8, 9, ... Punkte auf einem quadratischen Kärtchen unterzubringen, aber nur wenige davon sind so übersichtlich, dass man die Gesamtzahl leicht erfassen kann. Und das Problem der übersichtlichen Gliederung stellt sich bei fast jeder Zahl neu und anders. Mögliche Lösungen könnten so aussehen:

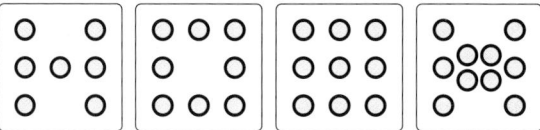

Nach der Erweiterung des Augenzahlen-Raumes kann man durchaus noch der Frage nachgehen, ob es für die Zahlen 1–6 nicht auch noch andere als die gewohnten Augenzahlen geben kann. Die besonders gelungenen Zahlbilder lassen sich dann bei allen gängigen Würfelspielen einsetzen. An die Stelle des Würfelns mit dem üblichen Würfel tritt das Ziehen der Augenzahlen von einem verdeckt liegenden Kartenstapel. Es ist aber auch möglich, die selbst gestalteten Augenzahlen auf den Seiten eines gewöhnlichen Würfels aufzukleben bzw. Würfel in der passenden Größe selbst zu basteln. Auch das Ausschneiden und Zusammenkleben von Würfelnetzen ist eine wertvolle Übung des räumlichen Vorstellungsvermögens, bei dem zudem die Feinmotorik geschult werden kann.

Übung

4. Entwerfen Sie Augenzahlen für die Zahlen 1–8 (bzw. 1–12), die gut auf die Seiten eines Achter- bzw. Zwölferwürfels (Anlage 1) passen.

10. Symmetrie

10.1 Erfahrungen zum Symmetriebegriff

Sowohl in der Natur wie in der von Menschen gestalteten Umgebung der Kinder ist Symmetrie eine alltägliche, fast selbstverständliche Erscheinung, die deshalb oft erst auffällt, wenn sie gestört ist. Ein Mensch oder ein Tier mit unvollkommener Körpersymmetrie ist in seiner Bewegungsfreiheit behindert, ein Rad mit unregelmäßiger Bereifung holpert unangenehm, auf einer Treppe mit unterschiedlich hohen Stufen kommt man leicht ins Stolpern. Intuitiv ist der Begriff also vertraut, es fällt aber trotzdem nicht leicht, ihn einigermaßen zutreffend zu beschreiben.

Es gibt eine Reihe von Begriffen, die recht ähnlich, aber nicht ganz synonym verwendet werden. Durch sie kommt man den Bedeutungsfacetten des Begriffes Symmetrie näher:
– **Gleichmaß** – die wörtliche Übersetzung – deutet darauf hin, wie die Symmetrie einer Figur festgestellt wird, nämlich durch vergleichende Messung entsprechender Teile.
– **Ebenmaß** und Ausgewogenheit verweisen auf die ästhetische Komponente des Begriffes.
– **Regelmäßigkeit** betont mehr die prinzipiell endlose Wiederholung eines Grundmusters.

a) Der **praktische Nutzen** der Symmetrie.
   Gleichmäßige Bewegung spart Energie. So haben fast alle symmetrischen „Lösungen" in der Natur und in der Technik ihren Grund im ökonomischen Umgang mit Energie. Einfache Versuche mit unsymmetrisch gebauten Fahrzeugen zeigen sehr schnell, wie nützlich es ist, wenn man sich bei der Herstellung Mühe gibt und Abweichungen von der Symmetrie vermeidet. Auch bei der industriellen Serienfertigung kann man durch die Gleichartigkeit der in Serie produzierten Güter Arbeit und Kosten sparen.

b) Der **ästhetische Reiz** der Symmetrie.
   Ein symmetrisches Muster oder Ornament ist vollendet. Es lädt nicht mehr zur aktiven Tat, sondern zum entspannten Betrachten ein. Eine symmetrische Figur bewirkt immer ein ästhetisches Urteil, das allerdings sehr verschieden ausfallen kann! Einfache Formen werden als langweilig oder auch als genial schlicht empfunden, während Figuren mit vielfachen Symmetrien Anerkennung für die Leistung des „Künstlers" auslösen.

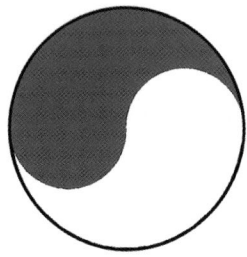 

c) Die **ordnende Funktion** der Symmetrie.

Die immer gleiche Anwendung einer Regel schafft übersichtlich geordnete Strukturen, ein Ausschnitt steht (zusammen mit der Regel) für das Ganze. Das äußert sich darin, dass die Anwendung der Regel auf eine symmetrische Figur alle Details der Figur unverändert lässt. Die Silhouette eines Schmetterlinges kann beliebig oft umgewendet, das Bild einer Schneeflocke endlos gedreht, eine Borte immer weiter verschoben werden, ohne dass man erkennt, ob der gleiche Ausschnitt zu sehen ist wie zuvor. Man sagt, die (gesamte) symmetrische Figur sei **invariant** gegenüber der erzeugenden Regel.

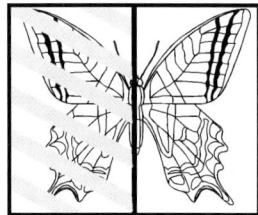  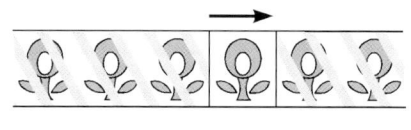

Je nach der Art und der Absicht der Betrachtung tritt der eine oder der andere Aspekt der Symmetrie in den Vordergrund. So bemerkt man beim Gleitflug eines großen Vogels eher die Harmonie und Leichtigkeit der Bewegung, während es bei der Konstruktion eines Drachens zunächst auf die praktische Funktionsfähigkeit ankommt, obwohl es sich um exakt den gleichen Symmetrietyp handelt. Allerdings soll ein Flugdrachen in der Regel auch ästhetisch ansprechend wirken, weshalb man ihn nachträglich oft noch – natürlich symmetrisch – verziert.

Selbstverständlich wird man mit den Kindern in der Grundschule keine abstrakte Erörterung der Aspekte des Symmetriebegriffes versuchen. Aber es wäre schade, wenn die Suche nach symmetrischen Objekten bei einem Spaziergang mit der Klasse, das Gespräch im Sitzkreis über Vorerfahrungen der Schüler oder auch die Wiedergabe von Beispielen symmetrischer Formen in Zeichnungen sich darin erschöpfen würden, einige Gegenstände mit dem Wort „symmetrisch" zu benennen. Engagierte und interessierte Kommentare der Lehrerin regen auch die Kinder an, wesentliche Gedanken zur Bedeutung der Symmetrie in den einzelnen Beispielen mitzuteilen.

10.2 Symmetrieformen

In den ersten beiden Klassen der Grundschule beschränkt sich der Geometrieunterricht meist auf einfache Erfahrungen zur **Achsensymmetrie**. Das erscheint sinnvoll, weil die Achsensymmetrie als verbreitetster und wichtigster Symmetrietyp angesehen wird. Der menschliche Körper ebenso wie der vieler Tiere wie auch die meisten Gebäude und Gebrauchsgegenstände sind als Beispiele allgemein bekannt. Darüber hinaus können achsensymmetrische Figuren besonders leicht durch Falten und mit dem Spiegel hergestellt werden.

Eine genauere Analyse der angegebenen Gründe zeigt allerdings auch gleich die speziellen begrifflichen Schwierigkeiten dieser Symmetrieform. Die oben genannten räumlichen Beispiele sind nämlich fast durchwegs *nicht achsensymmetrisch*! Ein menschlicher Körper ist ebenso wie eine Dreieckspyramide nicht zu einer Achse, sondern nur zu einer (Spiegel-)Ebene näherungsweise symmetrisch. Nur das ebene Bild des von vorne betrachteten Körpers ist sowohl achsen- als auch **spiegelsymmetrisch**.

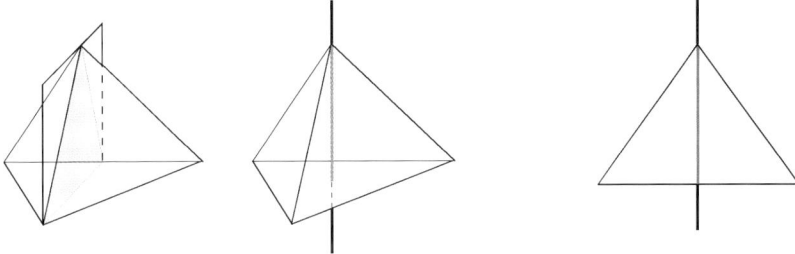

Auch die Herstellung von achsen- und spiegelsymmetrischen Figuren unterscheidet sich deutlich. Während durch das Falten eines Papiers eine Teilfigur durch räumliche Drehung mit einer anderen Teilfigur zur Deckung kommt, kann eine Spiegelung als Bewegung überhaupt nicht durchgeführt werden.

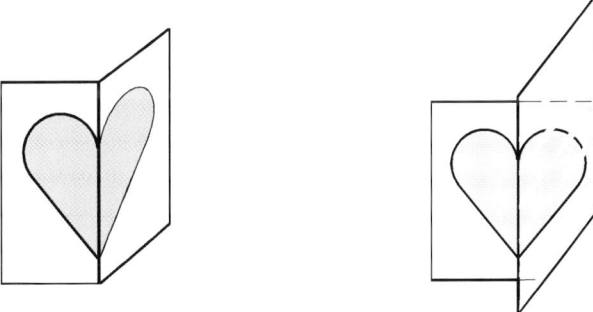

Die beiden Begriffe Spiegel- und Achsensymmetrie meinen also den gleichen ebenen Symmetrietyp, aber auf ganz unterschiedliche Weise. Es ist auch nicht möglich, einen der beiden Begriffe dem anderen vorzuziehen. Für die Schule empfiehlt es sich, die Sprechweise an die jeweilige Handlungserfahrung anzupassen und die Figuren **faltsymmetrisch** bzw. **spiegelsymmetrisch** zu nennen – je nachdem, wie sie hergestellt wurden bzw. wie die Symmetrie überprüft wird.

Übungen

1. *Falten Sie ein Papier, das auf Vorder- und Rückseite verschieden gefärbt ist. Schneiden Sie eine symmetrische Figur aus und schneiden Sie die beiden deckungsgleichen Teile auseinander. Legen Sie die beiden Teile dann aufeinander und versuchen Sie durch Bewegung des oberen Teiles nachzuvollziehen, wie ein achsen- bzw. ein spiegelsymmetrisches Bild entsteht.*

2. *Suchen Sie sich einen Gegenstand, der symmetrisch zu einer Spiegelebene ist, und markieren Sie Punktepaare, die zueinander symmetrisch liegen. Können Sie den Gegenstand so bewegen, dass die zueinander symmetrisch liegenden Punkte ihre Plätze im Raum tauschen?*

Der Herstellungsprozess und der Typ der jeweiligen Deckabbildungen bestimmt auch die Bezeichnung der übrigen wichtigen Symmetrieformen. Die einfachsten Bewegungen in der Ebene sind die Drehung und die Verschiebung.

Drehsymmetrie

Eine Grundfigur wird so lange gedreht und immer wieder in der neuen Lage kopiert, bis eine weitere Drehung nichts Neues mehr erzeugt.

Symmetrisch ist *nicht* die Grundfigur.	Auch nach Drehung und Kopie ist die Figur noch *nicht* symmetrisch!	Erst die „vollendete" *Gesamtfigur* ist *symmetrisch.*

Im Gegensatz zur Achsensymmetrie gibt es verschiedene Typen drehsymmetrischer Figuren – je nach der Anzahl der identischen Teilfiguren. Da das Maß für konkrete Drehungen mit Plättchen immer nur durch die Form einer Ecke des Plättchens bestimmt sein kann, sammeln die Schüler durch die Erzeugung drehsymmetrischer Figuren propädeutische Erfahrungen zum Winkelbegriff. Der

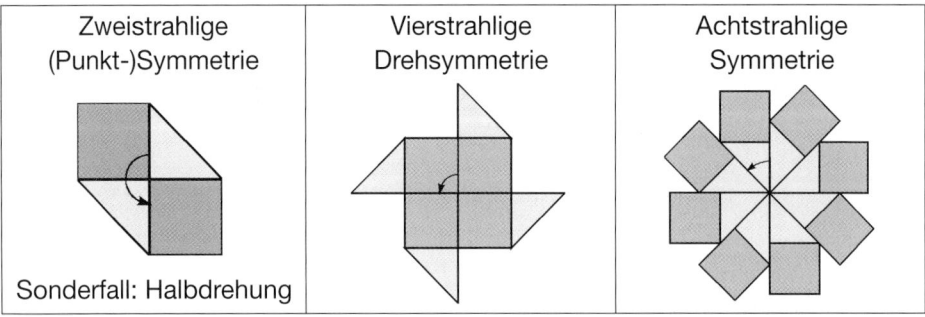

Zweistrahlige (Punkt-)Symmetrie	Vierstrahlige Drehsymmetrie	Achtstrahlige Symmetrie
Sonderfall: Halbdrehung		

Drehwinkel einer Deckdrehung ist immer ein Teiler des Vollwinkels 360° (oder ein Vielfaches davon).

Übung

3. *Zeichnen Sie eine ebene Figur, die punkt-, aber nicht achsensymmetrisch ist, und eine andere, die achsen-, aber nicht punktsymmetrisch ist. Gibt es auch Figuren, die sowohl punkt- als auch achsensymmetrisch sind?*

Schubsymmetrie

Eine Grundfigur wird immer wieder in die gleiche Richtung verschoben und kopiert. Prinzipiell bricht dieser Vorgang nie ab; praktisch wird man ihn beenden, wenn man entweder an den Rand der Unterlage (Papier, Tisch) stößt oder wenn offenkundig ist, wie das Muster fortgesetzt wird. Eine schubsymmetrische Figur heißt auch **Bandornament**.

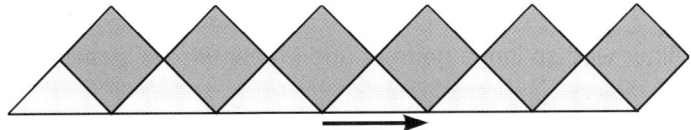

Parketts haben zwei (Haupt-)Verschiebungsrichtungen und füllen die ganze Zeichenebene überlappungsfrei aus.

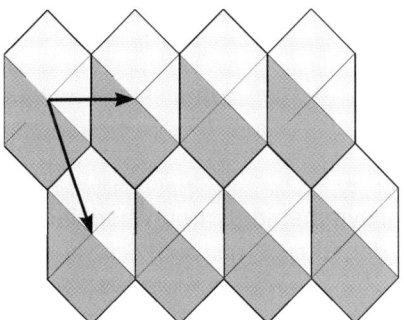

Begriffsklärung: Zu unterscheiden sind
- die **geometrische Bewegung** (Abbildung), die die Art der Symmetrie festlegt,
- die **Grundfigur**, aus der die symmetrische Figur durch (mehrfache) Kopie nach Ausführung der Bewegung entsteht, und
- die *symmetrische Figur* selbst, die erst am Ende des Herstellungsprozesses entsteht und bei der die erzeugende Abbildung **Deckabbildung** ist (d. h. nichts Neues mehr erzeugt).

Symmetrie ist eine Eigenschaft der Gesamtfigur!

Noch einmal mit anderen Worten: Eine Drehung (Spiegelung, Verschiebung) ist nicht symmetrisch, sondern nur das Werkzeug. Eine Schablone ist (meistens) nicht symmetrisch, sondern nur der „Baustein". Erst das, was das Werkzeug aus dem Baustein macht (durch Reproduzieren und Aneinanderfügen), ist am Ende symmetrisch!

Die verschiedenen Symmetrieformen sind nicht unabhängig voneinander. Jede Koppelung von Deckabbildungen ist nämlich wieder eine Deckabbildung; wenn bei der Verbindung zweier (Deck-)Abbildungen ein neuer Abbildungstyp entsteht, hat die invariante Figur auch eine neue Symmetrieart.

Figuren mit mehreren Symmetrieachsen sind nicht nur achsensymmetrisch, sondern auch drehsymmetrisch, sofern die Achsen sich schneiden. Wenn mehrere Symmetrieachsen zueinander parallel sind, ist die Figur auch schubsymmetrisch.

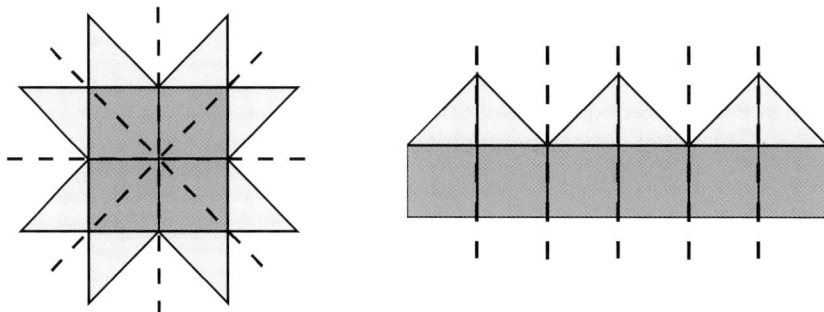

Übung

4. Zeichnen Sie eine ebene Figur mit genau zwei Symmetrieachsen. Zeigen Sie, dass die Achsen aufeinander senkrecht stehen müssen.

Eine Figur mit mehreren Drehzentren ist gleichzeitig schubsymmetrisch, sofern es an beiden Zentren einen übereinstimmenden Winkel für eine Deckdrehung gibt. Ein Beispiel dafür ist das Parkett oben.

10.3 Methodische Möglichkeiten

Zum **Erzeugen symmetrischer Figuren** braucht man eine Grundfigur und eine unmissverständliche Bewegungsvorschrift. In der Grundschule kann die Bewegung nicht abstrakt definiert werden; sie muss entweder durch die Grundfigur oder durch das methodische Werkzeug eindeutig festgelegt sein.

Achsensymmetrie

a) Durch *Falten von Papier* wird eine Halbebene (bzw. ein Ausschnitt davon) um die Faltgerade (**Drehachse!**) geklappt und auf die andere Halbebene

„gepasst". Figuren von einer Halbebene können so auf die andere deckungs-gleich übertragen werden. Hier ist die Form der Figur nicht ausschlaggebend, weil die Bewegung für korrekte Übertragung sorgt.

- Bei Klecksbildern (Batik) erzeugt der „gesteuerte Zufall" die Grund- und gleich-zeitig die Gesamtfigur.
- Ausschneiden einer Figurenhälfte erzeugt die Gesamtfigur. In Bezug auf die Proportionen gibt es da häufig Überraschungen!
- Durchpausen mit Kohlepapier lässt viele gestalterische Möglichkeiten zu.
- Durchstechen von Punkten, die anschließend miteinander verbunden werden, führt schon auf die abstrakte geometrische Betrachtung (Zuordnung von Punk-ten bzw. Strecken), die deshalb erst später anzusiedeln ist.

b) Beim *Nachbauen* einer (aus Plättchen gebildeten) Teilfigur hinter einem **Spie-gel** bzw. jenseits einer Trennlinie, die den Spiegel symbolisiert, haben Kinder oft Schwierigkeiten, die Änderung des Drehsinnes zu berücksichtigen. Sie ver-schieben die Plättchen so, dass sie zwar am richtigen Platz hinter dem Spiegel liegen, ihre Orientierung aber beibehalten. Das fällt allerdings nur bei Plättchen auf, die nicht selbst achsensymmetrisch sind.

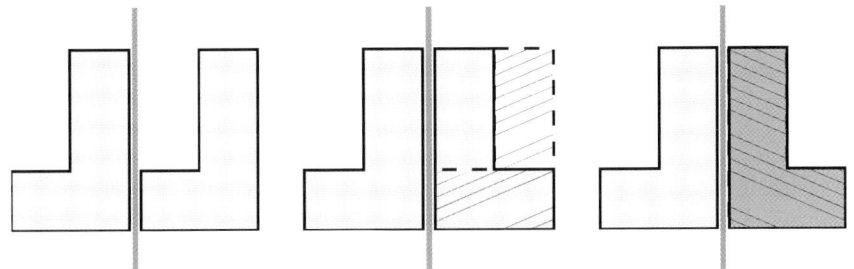

Ein halbdurchlässiger Spiegel zeigt, dass das verschobene Plättchen und das Spiegelbild nicht übereinstimmen, während das Plättchen durch Klappen in die richtige Stellung kommt. Dabei wird allerdings Vorder- und Rückseite ver-tauscht. Herumklappen ist also nur ein Notbehelf, aber der einzig mögliche, wenn eine Spiegelung mit konkreten Materialien realisiert werden soll.

Achtung: Bei Übungen für die Schüler soll die Achse nicht immer senkrecht (zum Untergrund) bzw. symmetrisch im Gesichtsfeld liegen, weil sonst die Symmetrie immer als Eigenschaft der gesamten Umgebung und nicht als Eigenschaft einer begrenzten Figur erscheint!

Drehsymmetrie

a) *Symmetrisch anbauen.* Ein regelmäßiges Vieleck als Zentrum macht drehsymmetrisches Bauen möglich, ohne die Drehung messen zu müssen. Für das Anbauen müssen genügend „Partner" der benutzten Plättchen zur Verfügung stehen.

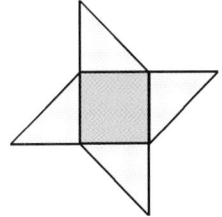

b) *Schablone bewegen* und abzeichnen. Als Schablone kann ein Plättchen dienen, das umfahren wird, ein Stempel (z. B. aus Kartoffel) oder eine aus Karton ausgeschnittene Figur. Drehwinkel und Drehzentrum können entweder durch eine Ecke der Figur oder durch ein „Drehstrahlenmuster" vorgegeben werden. Durch Drehen um die Ecke oder durch Einpassen in das Muster kommt die Grundfigur dann immer an die richtige Stelle.

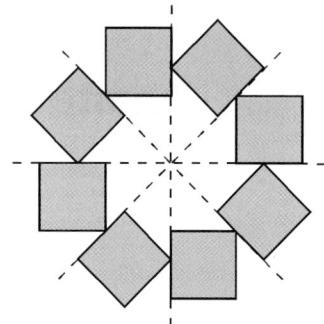

c) *Mehrfaches Falten* von dünnem Papier, wobei jeweils die Winkelfelder halbiert werden, und Ausschneiden von Teilfiguren erzeugt Gesamtfiguren mit mehreren Achsen und damit auch mehreren Deckdrehungen (z. B. Sterne).

Schubsymmetrie

a) *Nachbauen* immer gleicher Teilfiguren bzw. Abzeichnen einer verschobenen Schablone *längs eines Lineals* erzeugt Bandornamente.
Freies Nachbauen (mit Kontrolle durch ein Lineal) fördert das „Augenmaß". Auch Muster, die durch Stempeln produziert werden, können durch ihren ästhetischen Reiz zu sorgfältigem Arbeiten und dadurch zur Schulung geometrischer Grundfertigkeiten beitragen.

b) *Parketts* aus lauter gleichen Grundfiguren bekommt man durch Verschieben oder (meist) durch Halbdrehen der Grundfigur um eine Seitenmitte. Zweimaliges Halbdrehen um verschiedene Seitenmitten erzeugt eine Verschiebung, die das ganze Parkett in sich überführt.

c) *Mehrfaches Falten* von parallelen Achsen im gleichen Abstand und Ausschneiden von Teilfiguren erzeugt Bandornamente. Wie bei allen Faltübungen können bei geeignetem Papier auch durch Eintauchen in Farben hübsche Batikarbeiten entstehen.

11. Anfangsunterricht Mathematik Inhalte und ihre Gliederung

11.1 Stoffplanung als Abfolge abgeschlossener Lerneinheiten

Von Beginn an begleitet den Mathematikunterricht die Sorge, mit dem vorgesehenen Pensum nicht fertig zu werden und den Schülern für die folgenden Schuljahre schon eine Hypothek mitzugeben. Aus dieser Sorge erklärt sich die Neigung vieler Lehrerinnen, die im Lehrplan vorgesehenen Lerninhalte, häufig in Form ihrer Interpretation im Schulbuch, Punkt für Punkt durchzuarbeiten. Der Unterricht wird so zu einer Folge von vielen in sich abgeschlossenen Lerneinheiten. In der Regel gelingt es aber nur selten, die einzelnen Inhalte in der vorgesehenen Zeit zu einem befriedigenden Abschluss zu bringen, weil einige der Schüler die jeweils gewünschte Fertigkeit noch nicht erreicht haben.

Bereits im Anfangsunterricht hat man mit dem lästigen Problem zu kämpfen, dass die Leistungen in einer Klasse meist extrem auseinander fallen. Während ein Teil der Schüler in fast allen Bereichen schon erhebliche Vorkenntnisse mitbringt, stellt jedes neue Thema andere Kinder vor fast unüberwindliche Schwierigkeiten, weil ihnen der Zugang nicht gelingen will. Vor allem, wenn eine Unterrichtseinheit hauptsächlich auf das Einüben einer Teilfertigkeit abzielt, die einigen Schülern schon bald geläufig ist, ist es sehr schwer, einen für alle Beteiligten befriedigenden Unterricht zu organisieren und die nötigen differenzierenden Angebote zu machen. Das führt leicht zu Spannungen in der Klasse und zu Reibungs- und Zeitverlusten.

Eine Stoffgliederung als Abfolge isolierter Teilgebiete provoziert noch eine weitere Schwierigkeit. Jede neue Darstellungsform einer Aufgabe, jeder neue Aufgabentyp erscheint als etwas völlig Neues mit den jeweils neuen Anpassungs- und Eingewöhnungsproblemen. Unterricht wird so zu einer ständigen Anstrengung für die Lehrerin und für die Schüler. Die Lehrerin muss immer wieder versuchen die Schüler für ein neues Thema zu motivieren, sie muss sich jeweils überlegen, wie der neue Stoff in beschränkter Zeit genügend geübt und kontrolliert werden kann, während die Schüler nie mit einer Sache ganz vertraut werden können und immer auf neues „Futter" durch die Lehrerin angewiesen sind.

In der Konsequenz führt das zur Beschränkung auf einfache, eindeutig festgelegte Aufgaben und Anforderungen, weil nur so bei einer genügenden Zahl von Schülern in kurzer Zeit die notwendigen Erfolge erzielt werden können. Damit wird aber schon gleich zu Beginn der Schulzeit eine für den Mathematikunterricht sehr belastende Erwartungshaltung bei den Schülern gefördert! Wenn Mathematik offenkundig aus einfachen formalen Fertigkeiten besteht und Erfolgserlebnisse durch geläufige Anwendung dieser Fertigkeiten zu erzielen sind, werden die überdurchschnittlich erfolgreichen Schüler wenig Interesse an Problemstellungen entwickeln, bei denen sie nicht sofort zum Ergebnis kommen, während die weniger begabten Kinder alle Aufgaben zu vermeiden suchen, die nicht direkt zum Training der gewünschten Fertigkeit beitragen.

Das schrittweise Abarbeiten der Lehrplaninhalte wird nicht nur den Kindern kaum gerecht, es entspricht auch nicht der Intention der Lehrpläne selbst! Diese enthalten nämlich alle über die reinen Stoffsammlungen hinaus noch eine Fülle von Hinweisen auf Zusammenhänge und Zielsetzungen, in die sich die Stoffvermittlung einfügen soll.

11.2 Anfangsunterricht: Grundzüge der Entwicklungspsychologie der Schulanfänger

Auf **Jean Piaget** (1896–1980) geht die gebräuchlichste Theorie der kognitiven (geistigen) Entwicklung von Kindern zurück. Seine entwicklungspsychologischen Erkenntnisse können sowohl bei der Gestaltung kleinerer Lernschritte wie auch bei der Organisation und Planung größerer Lernzusammenhänge Berücksichtigung finden.

a) *Die Stufentheorie*

Die kognitive Entwicklung eines Kindes lässt sich nach Piaget in Stufen (Entwicklungsphasen) einteilen:

– die *sensomotorische Phase* (bis ca. 1^1/$_2$ Jahre):
  Erfahrungsraum ist die unmittelbare (fühlbare) Umgebung. Die Kinder sind ichzentriert und können nur unmittelbar aufeinander folgende Wahrnehmungen koordinieren, sie entwickeln keine Gesamtvorstellung für Zusammenhänge und Abläufe.

– die **präoperative Phase** (ca. 1^1/$_2$ bis 7 Jahre), speziell **Phase des anschaulichen Denkens** (ca. 4–7 Jahre):
  Die Wahrnehmung wird immer differenzierter, zentriert sich aber meist auf ein Merkmal einer Situation und beachtet eher Zustände und weniger ihre Veränderungen. Begriffe beziehen sich auf einzelne Objekte und nicht auf Klassen von Objekten. Argumentationen beziehen sich hauptsächlich auf direkte Beobachtungen und weniger auf Kausalzusammenhänge.

– die **konkret-operative** Phase (ca. 7–11 Jahre):
  Aufgrund konkreter Handlungserfahrungen bilden sich abstrakte Begriffe und Operationen, die auch koordiniert und gruppiert werden können. Die Fähigkeit zu generalisieren und zu konkretisieren nimmt zu, sie ist aber immer an Anschauung, an konkrete Handlungserfahrungen gebunden.

– die *formal-operative Phase* (ab etwa 11 Jahren):
  Denkoperationen auf rein symbolischer (sprachlicher) Ebene werden möglich.

Der Beginn der Grundschulzeit fällt also mit dem *Übergang von der präoperativen zur konkret-operativen Phase* zusammen. Das bedeutet, dass der Anfangsunterricht auch und gerade in Mathematik einen erheblichen Beitrag zur Entwicklung des konkret-operativen Denkens leisten sollte.

Als **Konsequenz** für die Unterrichtsplanung ergibt sich daraus:

- Lernerfahrungen müssen gründlich in konkreten Sachhandlungen verankert werden.
- Der Bezug zu realen Handlungszusammenhängen darf nicht abreißen.
- Abstraktionsprozesse brauchen ausreichend Erfahrungen zum Ordnen und Vergleichen in genügend umfangreichen und repräsentativen Beispielmengen.

b) *Die Gruppierung als kognitives Schema*

Operatives (bewegliches) Denken organisiert Denkoperationen zu Systemen (Gruppierungen), die beweglich und flexibel sind. Der Unterricht muss deshalb entsprechende (operative) Übungen anbieten. Am Beispiel von Aufgaben zum Einmaleins wurde das in Kapitel 6 genauer dargestellt.

Konsequenzen für die Unterrichtsplanung:

- Es geht nicht um die Schulung isolierter Fertigkeiten, sondern um die Vernetzung von Handlungserfahrungen.
- Handlungserfahrungen müssen genügend variiert, verknüpft und umgekehrt werden, damit sich kognitive Strukturen bilden können.
- Zur Ausbildung kognitiver Schemata muss genügend Zeit bereitgestellt werden.

c) *Die Äquilibrationstheorie*

Lernen geschieht durch Auseinandersetzung mit der Umwelt. Dabei werden Schemata aufgebaut: Anschauungs-, Denk- und Handlungsmuster, die ein Bild der Umwelt wiedergeben. Kognitive Strukturen können sich weiterentwickeln, wenn Erfahrungen nicht mit den bisherigen Strukturen zusammenpassen. Der Lernende ist dann nämlich bestrebt, zwischen Umwelt und Bild der Umwelt ein Gleichgewicht herzustellen (**Äquilibration**). Das kann grundsätzlich auf zwei verschiedene Weisen vor sich gehen: durch Assimilation und durch Akkomodation.

- **Assimilation** ist der Versuch, möglichst viele Erscheinungsformen der Umwelt dem bereits vorhandenen Bild einzupassen bzw. unterzuordnen. Die aktive, offene Form der Assimilation ist das Ausloten (Erforschen), wie handlungsfähig das bisher Gelernte macht. Assimilation kann aber auch in der Weigerung bestehen, Abweichungen von dem bisher entwickelten Weltbild zur Kenntnis zu nehmen.
  Beispiel: Aufsuchen und Nutzen analoger Vorgehensweisen bzw. Zurückführen schwieriger Rechnungen auf einfache Grundtypen (Lösen aller Multiplikationsaufgaben mit dem „kleinen Einmaleins").

- **Akkomodation** ist die Anpassung bzw. Veränderung des Bildes der Umwelt aufgrund von Erfahrungen. Akkomodation wird ausgelöst durch die Feststellung der begrenzten Leistungsfähigkeit eines Schemas bzw. durch Widersprüche zwischen verschiedenen Schemata **(kognitiver Konflikt)**.

Beispiel: Jeder Streifen Papier kann leicht halbiert werden – auch ein Streifen mit 7 cm Länge. Das Rechenschema „Division" streikt aber bei der Anwendung auf die Aufgabe 7 cm : 2.

Das Schema kann durch Erweiterung der Größenmaße auf Millimeter (prinzipiell durch Einführung gebrochener Größen) an die erweiterte Aufgabe akkomodiert werden.

Lernen ist – nach Piaget – grundsätzlich so zu organisieren, dass die Schüler durch fortgesetzte Akkomodation ihre geistigen Strukturen immer besser ausbauen und für die Lebensbewältigung nutzen können.

Konsequenzen für Unterrichtsplanung:
– Nicht durch die Bestätigung schon vorhandenen Wissens, sondern durch Fragen lernt man weiter.
– Je offener Lernsituationen sind, desto eher ergeben sich Anknüpfungspunkte durch Störungen des Gleichgewichts.
– Die Tragweite von kognitiven Strukturen muss gründlich ausgelotet werden, um ihre Grenzen kennen zu lernen.

Insgesamt favorisiert also die Lerntheorie von Piaget deutlich das aktive Erkunden von Zusammenhängen und Strukturen gegenüber der Ansammlung isolierter Wissenselemente.

11.3 Anfangsunterricht: Einführung in fundamentale Ideen der Mathematik

Der Anfangsunterricht stellt in ganz entscheidender Weise die Weichen für das schulische Lernen. Er prägt die Erwartungen sowohl an die eigene Lernbereitschaft und Lernfähigkeit wie auch in Bezug auf die Bedeutung von Lerninhalten als Mittel der Lebensbewältigung.

Die ersten schulischen Erfahrungen sind zu einem guten Teil verantwortlich für das Bild von Mathematik, das sich den Schülern auf Dauer einprägt. Von der Art des Umganges mit Mathematik hängt es entscheidend ab, ob die Inhalte als nützlich, als interessant und als wichtig wahrgenommen werden. Gerade die elementaren Begriffsbildungen und Strukturierungen des Anfangsunterrichts bieten eine große Chance, wichtige Aspekte des mathematischen Denkens und Handelns spürbar zu machen. Als Voraussetzung dafür muss bei der Planung des Mathematikunterrichts das Lernen über den Tag hinaus, die Orientierung an fundamentalen Ideen der Mathematik einbezogen werden.

Mathematik beschreibt die messbaren Aspekte der Realität durch Zahlen und Formen und baut die Handlungsfähigkeit im Bereich von Zahlen und Formen systematisch aus.

Aus Erfahrungen in der realen Welt entsteht so eine formale mathematische Welt, die ihre eigenen (von Menschen aufgrund von Einsicht gegebenen) Gesetzmäßigkeiten hat.

Als Bildungsziele für den Mathematikunterricht und als Orientierung für die Stoffplanung formuliert Heymann (1995) die folgenden **fundamentalen Ideen** der Mathematik:

- Die **Idee der Zahl** als Mittel der Ordnung und Strukturierung wie auch als Gegenstand des systematischen Denkens.
  Beispiele: Systematisches Abzählen immer größerer Mengen durch geschicktes Ordnen, Bewegungen in der Zahlwortreihe
- Die **Idee des Messens** als Hilfe beim Vergleichen und Einordnen und damit bei der Entwicklung von Größenvorstellungen.
  Beispiele: Zerlegen von Größen, Messen durch Abtragen von Einheitsgrößen, sinnvolle Bestimmung der Meßgenauigkeit
- Die **Idee des funktionalen Zusammenhanges** gibt Einsicht in Regeln, die Ordnung in unüberschaubar viele Rechenfälle bringen.
  Beispiele: Aufgaben systematisch variieren und die Auswirkung der Veränderungen untersuchen, Beziehungen zwischen Zahlen, Größen und Figuren in Tabellen zusammenstellen
- Die **Idee des Algorithmus**. Die Auswahl und die Übung eines optimalen, universell brauchbaren Lösungsweges für eine Vielzahl von Aufgaben bringt Entlastung durch Routine.
  Beispiel: Zehnerübergang
- Die Idee des **räumlichen Strukturierens**: Geometrie als Mittel der Umwelterschließung.
  Beispiel: Geometrische Formen durch Bauen als universelle Bausteine kennen lernen
- Idee des **mathematischen Modellierens** zeigt die Alltagsbedeutung von Mathematik.
  Beispiele: Sachsituationen mit mathematischen Mitteln beschreiben, Rechnungen in Sachsituationen interpretieren

Die Einsicht in die **fundamentalen Ideen** der Mathematik verschafft Möglichkeiten der **Stoffbeschränkung** (weil es nur wenige fundamentale Ideen gibt) und der **Differenzierung** (weil fundamentale Ideen – eben weil sie so fundamental sind – nie ganz erfasst werden können und weil es sehr verschiedene Stufen der Vertrautheit gibt).

11.4 Stoffgliederung: Auf- und Ausbau von Grundvorstellungen und Grundverständnis

Eine Stoffplanung, die sich an fundamentalen Ideen und allgemeinen Bildungszielen orientiert, vermindert den Stoffdruck, weil sie wenige Ideen nur immer weiter vertiefen und miteinander vernetzen muss. Durch die Beschränkung auf wesentliche **Grundvorstellungen** können größere, in sich zusammenhängende Lerneinheiten gebildet werden, die den Kindern **subjektive Erfahrungen** bei der aktiven Auseinandersetzung mit verschiedenen Aspekten immer derselben Idee ermöglichen. Die Kinder lernen so eine bunte und interessante Lernwelt kennen, die andererseits nicht ständige Umstellungen verlangt und deshalb die nötige Vertrautheit wachsen lässt. Ein Beispiel für einen **Stoffverteilungsplan** soll zeigen, dass die Orientierung an den angegebenen Zielvorstellungen möglich ist.

1. Schuljahr:
Vorstellungen von Zahl und Form entwickeln und miteinander verbinden

1. Sich und die neue Umgebung kennen lernen (abzählen, gruppieren, zuordnen, vergleichen und ordnen als ein Teil einer umfassenden Lerneinheit).
2. Mit Bauklötzen bauen (freies Gestalten; Nachbauen; benutzte Formen beschreiben und abzählen).
3. Kleine Rechengeschichten erzählen und mit verschiedenartigen Materialien nachspielen; Anzahlen feststellen.
4. Zahl und Zufall: Würfelspiele mit verschiedenen Würfeln (Augen- und Ziffernwürfel); Würfel selbst gestalten (Augenzahlen erfinden).
5. Verschiedene Zahlenbilder herstellen und beschriften (Zahlschreibweise bis 10 üben). Rechengeschichten mit Zahlenbildern darstellen.
6. Zahlenraum bis 10: Zahlenkarten ordnen und gruppieren. Hüpf- und Orientierungsspiele. Zahlzerlegungen systematisch zusammenstellen. Rechenaufgaben auf dem Zahlenstrahl darstellen und lösen. Rechenaufgaben verschieden mit Material darstellen.
7. Münzen kennen lernen und umtauschen; Einkaufsspiele. Einfache Einkäufe notieren (addieren und subtrahieren; Gleichungsschreibweise). Zahlen über 10 kennen lernen.
8. Zahlbilder: Zunehmend größere Zahlen mit geometrischen Materialien auf verschiedene Weisen „geordnet" darstellen. Zahlbeziehungen durch geometrische Strukturen darstellen (12 = 4 Dreierreihen oder 3 Viererreihen oder ...).
9. Muster und Ornamente (symmetrische Figuren) legen, Grundmuster systematisch fortsetzen. Abzählen (Folgen von Vielfachen).
10. Zahlenraum bis 20: Zahlkarten verschieden ordnen. Hüpf- und Orientierungsspiele auf dem Zahlenstrahl bzw. in verschiedenen Zahlanordnungen. Zahlzerlegungen mit verschiedenen Materialien.
11. Zahleigenschaften: Zahlenkarten sortieren (Zweier-, Dreier-, ...-Zahlen). Aufschreiben.
12. Vorteilhaft rechnen: Rechnen zum Zehner und über den Zehner; Nachbar- und Tauschaufgaben ... Rechenvorteile anschaulich darstellen.
13. Rechengeschichten erzählen und darstellen. Transfer zwischen Rechnung und Darstellung ist das Wesentliche!

2. Schuljahr:
Vorstellungen von Zahl und Form weiter ausbauen und mit praktischen Erfahrungen verbinden

1. Mit Geld umgehen: Einkaufsspiele, Umtauschübungen, Bank: Geldgeschäfte protokollieren (mit Gleichungen notieren).

2. Große Mengen übersichtlich ordnen und vergleichen; Anzahlen im Punktefeld verschieden darstellen; große Anzahlen systematisch ermitteln. Zehner-Einer-Gliederung als eine unter verschiedenen Möglichkeiten. Auch multiplikative Zerlegungen (in gleich große Teile) erproben!

3. Zahlenbilder aus geometrischen Formen herstellen und immer weiter fortsetzen, Anzahlen systematisch ermitteln. Symmetrische Figuren bauen (aus immer gleichen Grundformen nach immer der gleichen Regel) und Anzahlen der benötigten Plättchen bestimmen.

4. Symmetrische Figuren und Muster auf verschiedene Weisen herstellen (Projekt: Klassenzimmer schmücken!).

5. Das Klassenzimmer und seine Umgebung ausmessen: Längenmaße kennen lernen und erproben. Einfache Pläne zeichnen.

6. Bewegungen auf dem Zahlenstrahl: Durch Weiterlaufen oder Zurücklaufen (Hinzufügen oder Abschneiden von Strecken) können alle Additions- und Subtraktionsaufgaben gelöst werden. Operative Durcharbeitung des Aufgabenfeldes!

7. Wiederholung und Erweiterung: Geldgeschäfte als andere Form der Konkretisierung von Rechnungen.

8. Wiederholung und Erweiterung: Flächen auslegen und systematisch auszählen. Multiplikation als häufigste Form der gleichmäßigen Unterteilung. Übertragung auf das Punktefeld als Standardmodell für große Anzahlen.

9. Das Einmaleins: Systematische Erweiterung des Bereichs der „beherrschten" Einmaleinsaufgaben (operative Durcharbeitung).

10. Uhrzeiten und Zeitdauern: Einheiten kennen lernen, Abläufe von kurzen und längeren Zeiträumen festhalten, Umrechnungen als Anlass für Rechenübungen.

11. Einfache Rechenrätsel selbst konstruieren und als Anlass für Rechenübungen benutzen. Die Operatorschreibweise hilft den Überblick über nacheinander ausgeführte Rechnungen zu behalten.

12. Zusammenfassung und Überblick über die erworbenen Kenntnisse: Aufgaben zu allen vier Grundrechenarten üben (Übungsspiele), sinnvolle Sachzusammenhänge und anschauliche Darstellungen zu Aufgaben finden, Sicherheit im Einmaleins durch Übungen erweitern.

Lösungen zu den Übungsaufgaben

Kapitel 1.

1.–4. Es ist nicht möglich, zu diesen Aufgaben „Lösungen" anzugeben! Der Zweck der Übung ist, dass Sie selbst einen sehr subjektiven Eindruck von den Beziehungen zwischen Anzahlen und Anordnungen bekommen. Lassen Sie sich deshalb genügend Zeit!

5. Verbindet man die Mittelpunkte von 3 aneinander gelegten Kreisen miteinander, so ergibt sich ein gleichseitiges Dreieck. Weil 6 gleichseitige Dreiecke genau ein regelmäßiges Sechseck bilden, passen exakt 6 Kreise um einen mittleren Kreis herum.

Im nächsten „Ring" von Kreisen liegen 12 Kreise, die wiederum ganz genau passen (wieder bilden je 3 Kreise ein „Dreieck"). Zu jedem Kreis im ersten „Ring" kommen im zweiten „Ring" 2 dazu, im nächsten „Ring" 3, dann 4, ...

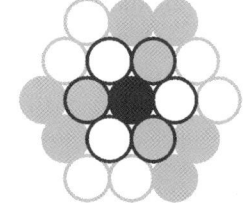

Da die Gesamtfigur immer deutlicher an ein regelmäßiges Sechseck erinnert, heißen die zugehörigen Kreis-Anzahlen 1, 7, 19, 37, 61, ... „Sechseckszahlen". Aus einer Zerlegung mithilfe von Dreieckszahlen ergibt sich eine Formel für die Sechseckszahlen:

$$1 + 6 \cdot (1 + 2 + 3 + ... + n) = 1 + 6 \cdot n \cdot (n + 1) : 2 = 1 + 3 \cdot n \cdot (n + 1)$$

6. Jede „Pyramidenzahl" P_n entspricht der Summe der ersten n Dreieckszahlen:
$$P_n = 1 + 3 + 6 + 10 + ... + n \cdot (n + 1) : 2$$
Wer eine Formel dafür möchte: $P_n = n \cdot (n + 1) \cdot (n + 2) : 6$

7. Für einstellige Zahlen ist die Differenz von Zahl und Quersumme natürlich immer 0. Beim „Sprung" über den ersten Zehner ändert sich das:
Aus $9 - 9 = 0$ wird $10 - 1 = 9$ und bleibt dann wieder gleich:
$11 - 2 = 12 - 3 = ... = 19 - 10 = 9$
Spätestens beim zweiten Zehnerübergang (von 19 zu 20) merkt man, was passiert: $20 - 2 = 18$! Die Zahl ist um 1 größer, die Quersumme um 8 kleiner geworden; die Differenz wurde deshalb insgesamt um 9 größer. Das ist bei jedem Zehnerübergang so!
Beim Übergang über einen Hunderter (Tausender, ...) wird entsprechend aus 99 (999, 9999, ...) dann 100 (1000, 10000, ...) und bei der Quersumme aus $2 \cdot 9$ ($3 \cdot 9$, $4 \cdot 9$, ...) immer 1. Die Differenz ändert sich deshalb immer um $2 \cdot 9$ ($3 \cdot 9$, $4 \cdot 9$, ...) – da sie zu Anfang eine Neunerzahl war, bleibt sie immer eine.

8. Die Induktion geht hier nicht über die Anzahl der Stockwerke, sondern über die Anzahl der Farben.

   Induktionsanfang: Mit 1 Farbe kann man nur 1 ($= 1^2$) zweistöckigen Turm bauen!

   Induktionsschluss: **Wenn** es richtig ist, dass man mit n Farben genau n^2 zweistöckige Türme bauen kann, **dann** kann man kombinieren, wie viele Türme entstehen können, wenn eine weitere Farbe zur Verfügung steht:

   1. Fall: Die neue Farbe wird gar nicht benutzt: n^2 Türme (nach Voraussetzung)!

   2. Fall: Die neue Farbe wird für ein Stockwerk benutzt. Dann baut man einen einstöckigen Turm aus einer der n „alten" Farben (n Möglichkeiten) und setzt die neue Farbe entweder oben oder unten dazu: insgesamt $2n$ Türme.

   3. Fall: Die neue Farbe wird für beide Stockwerke benutzt: 1 neuer Turm.

   Insgesamt kann man also mit $n + 1$ Farben genau $n^2 + 2n + 1 = (n + 1)^2$ zweistöckige Türme bauen! Damit ist die Induktion abgeschlossen.

   Hinweis: Durch entsprechende Fortsetzung (und unter Benutzung der eben gezeigten Formel für zweistöckige Türme) können Sie auch die analoge Formel für drei- und vierstöckige Türme ableiten.

9. Induktionsanfang: $1 = 1 \cdot (1 + 1) : 2$ – offensichtlich richtig!

   Induktionsschluss: Wenn die Formel für n richtig ist, dann gilt auch

   $1 + 2 + 3 + ... + n + (n + 1) = n \cdot (n + 1) : 2 + (n + 1) = (n : 2 + 1) \cdot (n + 1)$
   $= (n + 2) : 2 \cdot (n + 1)$

   Das lässt sich leicht in die gewünschte Form umschreiben.

10. Die „Formel" lautet: Eine natürliche Zahl n hat genau 2^n additive Zerlegungen (einschließlich der Zerlegung mit einem Summanden).

    Der *Induktionsanfang* ist leicht: Für $n = 1$ gibt es nur eine ($1 = 2^0$) additive Zerlegung: das Zahlwort 1 selbst.

    Der *Induktionsschluss* soll hier für ein Beispiel geführt werden (aber so, dass er analog für jedes andere Beispiel möglich ist!):

    Wenn es zur Zahl 10 genau $2^9 = 512$ Zerlegungen gibt (z. B. 10, $1 + 2 + 3 + 4$, $4 + 6$ und $6 + 3 + 1$),

    dann konstruiert man daraus nach folgender Regel alle Zerlegungen von 11:

    – An jede Zerlegung wird (+1) angehängt. Für die Beispiel-Zerlegungen bekäme man so die Zerlegungen $10 + 1$, $1 + 2 + 3 + 4 + 1$, $4 + 6 + 1$ und $6 + 3 + 1 + 1$ (insgesamt 2^9).

    – Bei jeder Zerlegung wird der letzte Summand um 1 erhöht. Dadurch bekommt man im Beispiel die neuen Zerlegungen 11, $1 + 2 + 3 + 5$, $4 + 7$ und $6 + 3 + 2$ (ebenfalls 2^9).

    Insgesamt sind es doppelt so viele Zerlegungen für 11: $2^9 + 2^9 = 2 \cdot 2^9 = 2^{10}$.

    Die in der Aufgabe angegebenen Zerlegungszahlen sind jeweils um 1 kleiner, weil die unechte Zerlegung in einen Summanden nicht mitgezählt wurde.

Kapitel 2.

1. Die zweistelligen Palindrome sind leicht anzugeben: 11, 22, ..., 99.
   Ein dreistelliges Palindrom ist notwendigerweise von der Form *aba*, wobei *a* und *b* Ziffern sind (a ≠ 0). Die Zuordnung *aba* → *ab* zeigt, dass es genau so viele Palindrome wie zweistellige Zahlen (10, 11, ..., 99) gibt: Insgesamt 90. Bei vierstelligen Palindromen ändert sich daran nichts: Die Zuordnung heißt jetzt *abba* → *ab*.

2. Jeder Weg durch das Gitternetz enthält genau 3 waagerechte und 5 senkrechte Wegstücke. Alle Wege kann man deshalb in eine Ziffernfolge übersetzen mit 8 Ziffern, davon 3-mal „0" und 5-mal „1" – z. B. 10001010. Nummeriert man die Plätze der Ziffernfolge durch, so gehört zu 3 Nummern die Ziffer 1 und zu 5 Nummern die Ziffer 0. Jede Ziffernfolge trennt also aus den Nummern 1–8 genau drei (oder 5!) Nummern ab. Eine einfache Grundregel der Kombinatorik besagt, dass es dafür genau $(6 \cdot 7 \cdot 8) : (1 \cdot 2 \cdot 3) = 56$ Möglichkeiten gibt.

3. Ebenso wie zwei gleichschenklig rechtwinklige Dreiecke zu einem größeren zusammengelegt werden können, kann aus jedem Dreieck dieser Form durch Verdoppelung ein neues gelegt werden. Durch fortgesetzte Verdoppelung bekommt man so Dreiecke aus 2, 4, 8, 16, ... 2^n Grunddreiecken.
   In Abschnitt 1.3 wurde gezeigt, dass bei allen Dreiecksformen, speziell also auch bei gleichschenklig rechtwinkligen Dreiecken, jede Quadratzahl (1, 4, 9, 16, 25, ..., n^2) von kongruenten Dreiecken zu einem ähnlichen Dreieck gelegt werden kann. Insgesamt löst deshalb jede Zahl der Form $n^2 \cdot 2^n$ von Grunddreiecken die Aufgabe.
   Bei der Namensgebung würde jeder hier gemachte Vorschlag nur suggerieren, dass es einen „offiziellen" Namen gibt, was aber nicht der Fall ist. Die Zahlenmenge ist auch über das Übungsbeispiel hinaus nicht von Bedeutung, so dass sie keinen Namen braucht.

Kapitel 3.

1. Der erste Summand bleibt unverändert, während sich der zweite Summand und die Summe gleichsinnig ändern.
   Bei der Addition wirkt sich das so aus:
   Aus   26 + 36 = 62   wird erst   26 + 37 = 63,   dann   26 + 38 = 64 ...
   Bei der Subtraktion sieht man die Aufgaben:
   Erst   62 – 36 = 26,   dann   63 – 37 = 26,   dann   64 – 38 = 26 ...
   Bei der Differenzbildung schließlich sieht man die Aufgaben:
   Erst   62 – 26 = 36,   dann   63 – 26 = 37,   dann   64 – 26 = 38 ...
   Aus der Serie der ergebnisgleichen Subtraktionsaufgaben kann man die Regel des gleichsinnigen Veränderns einer Differenz ablesen.

2. Addition: 26 + 36 = 62; 27 + 35 = 62; 28 + 34 = 62 ... (gegensinniges Verändern einer Summe).

   Besonders einfach sind dabei Aufgaben mit „glatten" Summanden:

   30 + 32 = 62 oder 32 + 30 = 62 ...

   Subtraktion: 62 − 36 = 26; 62 − 35 = 27; ... ; 62 − 32 = 30; ... ; 62 − 30 = 32; ...

   Differenz: 62 − 26 = 36; 62 − 27 = 35; ... ; 62 − 30 = 32; ... ; 62 − 32 = 30; ...

3. Durch Verschieben der unteren Skala bleibt der zweite Summand unverändert – ebenso wie die Differenz zwischen erstem Summanden und der Summe:

   Addition: 26 + 36 = 62; 27 + 36 = 63; 28 + 36 = 64; ...; 30 + 36 = 66; ...

   Subtraktion: 62 − 36 = 26; 63 − 36 = 27; 64 − 36 = 28; ... 66 − 36 = 30; ...

   Differenz: 62 − 26 = 36; 63 − 27 = 36; 64 − 28 = 36; ...; 66 − 30 = 36; ...; aber auch 60 − 24 = 36!

4. Systematisches Probieren bedeutet (anknüpfend an der Idee des induktiven Schließens), dass die Beispiele nicht willkürlich, sondern Schritt für Schritt variiert werden und dass man besonders darauf achtet, welche Auswirkungen die Veränderungen der Beispiele haben.

   Im gegebenen Beispiel ist die Summe 34 + 35 + 44 + 45 = 158. Wenn das Beispiel-Quadrat um eine Spalte nach rechts (links) rückt, wird jeder Summand um 1 größer (kleiner); die Summe insgesamt also um 4. Bei einer Verschiebung um eine Zeile nach oben (unten) ändert sich jeder Summand um 10 und die Summe damit um 40. Da die Summe beim ersten Beispiel (158) zwar gerade, aber nicht durch 4 teilbar ist, ändert sich diese Eigenschaft bei Änderungen um (Vielfache von) 4 bzw. 40 nicht!

Kapitel 4.

1. 48 Pf = 4 · 10 Pf + 1 · 5 Pf + 3 · 1 Pf = 8 · 5 Pf + 4 · 2 Pf = ...

   35 Pf = 2 · 10 Pf + 3 · 5 Pf = 6 · 5 Pf + 2 · 2 Pf + 1 · 1 Pf = ...

   Das sind jeweils zwei der sehr vielen Möglichkeiten, wie die beiden Beträge dargestellt werden können. Der Addition entspricht nun das Zusammenfügen von Geldbeträgen, was aber ebenfalls immer auf verschiedene Weisen vor sich gehen kann. Die beiden gängigsten Strategien sind:

   a) Erst Münzen einer Sorte zusammenfügen, dann umtauschen.

   b) Erst beide Beträge umtauschen (in gleichartige Münzsorten), dann wie in a) zusammenfügen, dann wenn nötig noch einmal umtauschen.

   Das Protokoll der Vorgänge ist recht aufwendig.

   Ein Beispiel:

   (4 · 10 Pf + 1 · 5 Pf + 3 · 1 Pf) + (6 · 5 Pf + 2 · 2 Pf + 1 · 1 Pf) =

   4 · 10 Pf + 7 · 5 Pf + 2 · 2 Pf + 4 · 1 Pf =

   7 · 10 Pf + 1 · 5 Pf + 2 · 2 Pf + 4 · 1 Pf =

   7 · 10 Pf + 2 · 5 Pf + 3 · 1 Pf =

   8 · 10 Pf + 3 · 1 Pf

Auch Kinder sollten solche Protokolle zumindest einige Male aufschreiben, so lästig das auch zunächst erscheinen mag. Gerade das aber ist eine wichtige Information! Zumindest bei einfachen Aufgaben ist die konkrete Handlung in vielen Fällen der formalen Rechnung vorzuziehen. Darüber hinaus kann man so etwas gegen die verhängnisvolle einseitige Belegung des Gleichheitszeichens im Sinne von „ergibt" tun! Rechnen heißt immer neue Schreibweisen einer Aufgabe zu finden, bis das Ergebnis gut abgelesen werden kann.

2. Münzen können leicht durch einen Kreis mit einer Zahl, die den Münzwert angibt, dargestellt werden. Auch der Umtausch ist recht einfach: Die umgetauschten Münzen werden durchgestrichen, die neuen dazugezeichnet. Im Gegensatz zur schriftlichen Darstellung muss man nur den Umtauschvorgang und nicht jede Situation ganz neu darstellen. Andererseits ist eine Skizze schon bei einfachen Aufgaben oft recht unübersichtlich.

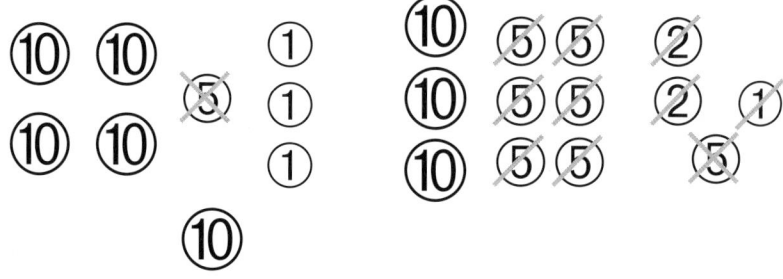

3. Zusammenzählen bedeutet bei Münzen zusammenfügen: Aus zwei Münzmengen entsteht eine, deren Wert dann durch Umtauschen ermittelt wird.
   Das Hinzufügen eines zweiten Geldbetrages zu einem ersten geschieht in der Regel schrittweise durch Hinzufügen einzelner Geldsorten, wobei man meist bei der größten Sorte beginnt. Aus 28 Pf werden so zunächst 68 Pf, bevor noch die restlichen 5 Pf hinzukommen.

4. In der Operatordarstellung wirken die beiden Vorgänge ganz unterschiedlich.

Wenn jedoch beide Sprünge zusammengefügt werden, ist es für das Ergebnis offenkundig gleichgültig, ob zuerst der größere oder der kleinere Sprung ausgeführt wird.

5. Zurückzählen Unterschied bilden

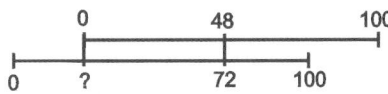 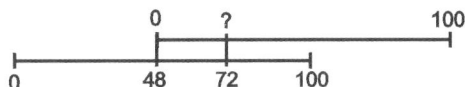

Aufgaben mit gleichem Ergebnis (24) bekommt man formal durch gleichsinniges Verändern von Minuend und Subtrahend. Beim Rechenstab ist das aber nur im Falle des Zurückzählens mit einer einfachen Handlung verbunden, indem die „Zunge" verschoben wird, während die Null-Markierung des oberen Streifens über dem konstanten Ergebnis stehen bleibt. Die Vorstellung des Unterschiedes ist hier bedeutend schwieriger umzusetzen: Sowohl oberer Streifen wie auch die Zunge müssen miteinander verschoben werden.

6. $3 \cdot 7$ $7 \cdot 3$

 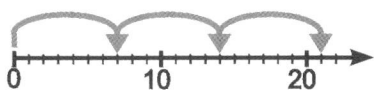

Nur am Ergebnis kann man ablesen, dass die zwei ganz unterschiedlichen Vorgänge gleichwertig sind. Dass das für alle Produkte so sein muss, ist keineswegs selbstverständlich! Wer den Kindern aufgrund einzelner Erfahrungen die Allgemeingültigkeit als „Trick" einredet, hilft ihnen kurzfristig und baut gleichzeitig sehr problematische Einstellungen auf! Die wichtige geistige Technik des Generalisierens kann kaum geschult werden, wenn es vom Urteil der Lehrerin und nicht von der eigenen Einsicht abhängt, welche Regeln gelten und welche nicht.

Selbstverständlich zulässig ist das Vertauschen der Faktoren, wenn sie übereinstimmen. Recht leicht einzusehen ist es aber auch bei verwandten Faktoren, z. B. $4 \cdot 8 = 8 \cdot 4$.

7. Die Anzahl der möglichen Zerlegungen eines Rechteckes mit $12 \cdot 15$ Punkten ist fast unüberschaubar. Auch die Beschränkung auf sinnvolle Zerlegungen, die die Ermittlung der Gesamtpunktzahl wirklich erleichtern, ergibt noch einen interessanten und vielfältigen Lernbereich. Ein Beispiel muss deshalb genügen.

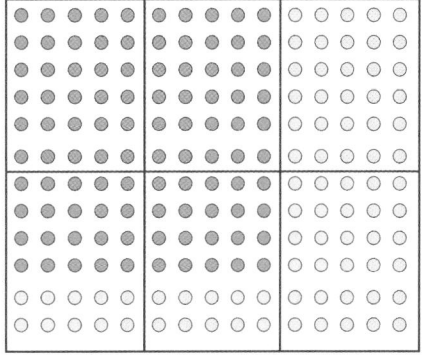

8. Die Grundoperation ist einfach: Durch Zerlegen eines Rechteckes in gleich breite Streifen (speziell durch Halbieren) entstehen Teilrechtecke, die neu zu einem anderen Rechteck zusammengesetzt werden können. Für die praktische Durchführung sollten die Rechtecke aus dem Punktefeld ausgeschnitten und dann entsprechend zerschnitten werden.

9. Das unmittelbar vor der Übung angegebene Beispiel kann ohne Mühe beliebig variiert werden.

Kapitel 5.

1. Die Verwandtschaft der Zweier- und der Viererreihe ist offenkundig: Die Glieder der Viererreihe sind genau doppelt so groß wie die der Zweierreihe.

   2 4 6 8 10 12 14 16 18 20
   4 8 12 16 20 24 28 32 36 40

   Für das Lernen der Reihen ist es aber viel nützlicher, die Verwandtschaft in anderer Weise auszunutzen: Wer die Zweier-Reihe kennt, kennt auch die Vierer-Reihe mit – aber nur dann, wenn die Zweierreihe bis mindestens 40 fortgesetzt wird:

   *2 **4** 6 **8** 10 **12** 14 **16** 18 **20** 22 **24** 26 **28** 30 **32** 34 **36** 38 **40***
        4   **8**   **12**   **16**   **20**   **24**   **28**   **32**   **36**   **40**

2. Ein Beispiel für ein Muster von Vielfachen einer Zahl im Hunderterfeld ist für die Viererreihe angegeben. Die Verbindung der Vielfachen durch Striche hebt das Muster hervor; allerdings können solche Verbindungen auf verschiedene Weisen eingetragen werden.
   Ebenso wenig eindeutig ist die Untersuchung von Verwandtschaften zwischen den Mustern. Die wichtigsten Typen sind:
   - Die 2-, die 5- und die 10-Reihe, bei der nur bestimmte Spalten belegt werden, die aber vollständig.
   - Die 4-, die 6- und die 8-Reihe, bei der ebenfalls wie bei der 2-Reihe nur jede zweite Spalte belegt ist, allerdings jeweils nur ein Teil davon.
   - Die 3- und die 7-Reihe, bei der alle Reihen belegt werden, allerdings nur recht spärlich (deshalb sind die Zahlen dieser beiden Reihen auch besonders schwer zu behalten).
   - Eine Sonderstellung hat die 9-Reihe, die wunderschön diagonal durch alle Spalten durchläuft.

3. Die 3-Reihe und die 9-Reihe sind miteinander verwandt: Jede dritte Dreierzahl ist eine Neunerzahl. Die 3-Reihe ist trotzdem keine Hilfe beim Einüben der 9-Reihe – und die braucht es auch gar nicht, weil die 9-Reihe eine der einfachsten Reihen ist (gegensinnige Änderung von Zehner- und Einerziffer!). Umgekehrt können auch nur drei Zahlen aus der 3-Reihe als Neunerzahlen eingeprägt werden. Aber das ist wenigstens eine kleine Hilfe.

Es ist deshalb zu empfehlen, sich die 9-Reihe zunächst einzeln einzuprägen – und diese Kenntnis anschließend – oder später – in die Entwicklung der 3-Reihe einfließen zu lassen.

4. Mit dem Folienkreuz kann das Produkt auf 25 verschiedene Weisen unterteilt werden, wenn der Schnittpunkt der Kreuzlinien innerhalb des abgegrenzten Punkte-Quadrates liegt. Keine dieser Zerlegungen sticht besonders heraus; die in der Aufgabe angegebene ist möglicherweise die einfachste.
   Wenn der Schnittpunkt der Kreuzlinien außerhalb liegt, wird das Punkte-Quadrat entweder waagerecht oder senkrecht in zwei Teilrechtecke zerlegt. Besonders einfach sind generell zwei Möglichkeiten:
   a) Halbieren des Punkterechtecks; hier $3 \cdot 6 + 3 \cdot 6$.
   b) Bezug zu einer bekannten Reihe herstellen; hier speziell $6 \cdot 6 = 6 \cdot 5 + 6$.

5. Die Vielfachen von 6 stehen alle in der Spalte ganz rechts. Diese Zahlen sind außerdem Vielfache von 3 – ebenso wie alle Zahlen in der Spalte unter der Zahl 3. Selbstverständlich füllen daneben noch die Vielfachen von 1 die ganze Tabelle aus – aber das soll nur der Vollständigkeit halber erwähnt werden.

6. Die wichtigsten Erkenntnisse aus dieser sehr offenen Aufgabe sind:
   a) Es gibt keine Einmaleinsreihe (außer der 5-Reihe selbst), die im Fünferteppich ganze Spalten füllt. Mit anderen Worten: 5 hat keine echten Teiler, 5 ist eine Primzahl.
   b) Im Fünferteppich ordnen sich die Vielfachen von 4 zu demselben Muster wie die Vielfachen von 5 im Sechserteppich und die Vielfachen von 9 im Hunderterfeld.

7. Auf einer zur Hauptdiagonalen senkrechten Diagonale stehen Produkte, deren Faktoren eine konstante Summe haben.
   Beispiel: Faktorensumme 12.
   Symmetrisch zu $6 \cdot 6 = 36$ stehen $5 \cdot 7 = 7 \cdot 5 = 35$, $4 \cdot 8 = 8 \cdot 4 = 32$ usw.

8. Zwei Schritte entfernt von der Quadratzahl $36 = 6 \cdot 6$ steht auf der zur Hauptdiagonalen senkrechten Diagonalen das Produkt $4 \cdot 8 = (6 - 2) \cdot (6 + 2) = 32$. In allen anderen Fällen bedeutet ein entsprechender Schritt auf der Diagonalen von der Quadratzahl aus eine Verminderung des Ergebnisses um 4.

Kapitel 6.

1. Der Schritt zu einer schräg benachbarten Einmaleinsaufgabe kann immer in einen waagerechten und einen senkrechten Schritt zerlegt werden. Im Beispiel bedeutet ein waagerechter Schritt nach rechts (in der 5-Reihe!), dass das Ergebnis um 5 größer wird. Der senkrechte Schritt danach findet in der 8-Reihe statt, sodass das Ergebnis um 8 größer bzw. kleiner wird. Geht der waagerechte Schritt nach links, so wird das Ergebnis zuerst um 5 kleiner und danach entweder um 6 größer oder kleiner.

Allgemein: Die „schrägen" Nachbarn zu $a \cdot b$ sind
auf der rechten Seite $a \cdot b + a + (b + 1)$ bzw. $a \cdot b + a - (b + 1)$ und
auf der linken Seite $a \cdot b - a + (b - 1)$ bzw. $a \cdot b - a - (b - 1)$.

2. In jeder zweiten Reihe der Einmaleins-Tafel stehen nur gerade Zahlen, weil es sich um die Vielfachen einer geraden Zahl handelt. Deshalb sind beide Zahlen einer der beiden Reihen in jedem Quadrat gerade. In der anderen Reihe stehen abwechselnd gerade und ungerade Zahlen, weshalb eine der beiden Zahlen im Quadrat gerade und die andere ungerade sein muss.

3. Im Beispielquadrat ist die Summe in der Diagonalen von links oben nach rechts unten $30 + 42 = 72$, die andere $35 + 36 = 71$, also um 1 kleiner. Dass das immer so sein muss, kann man durch Übergang zum jeweiligen Nachbarquadrat feststellen: Jede Verschiebung in der Einmaleins-Tafel ändert beide Diagonalensummen gleichartig, lässt also den Unterschied 1 bestehen.

4. Im Beispielquadrat ist die Summe $30 + 35 + 36 + 42 = 143 = 11 \cdot 13$. Das ist einzusehen, wenn man die Summen der beiden Zeilen (bzw. Spalten) getrennt bestimmt: $30 + 35 = 5 \cdot 6 + 5 \cdot 7 = 5 \cdot 13$ und $36 + 42 = 6 \cdot 6 + 5 \cdot 7 = 6 \cdot 13$. Zusammen ergibt sich gerade die Summe $11 \cdot 13 = (5 + 6) \cdot (6 + 7)$. Analog findet man die Zerlegung für jede Summe der Zahlen eines Vierer-Quadrates.

Kapitel 7.

1. Die Daten sind ganz deutlich gerundet, um ganzzahlige DM-Beträge zu bekommen. Aus diesem Grund entsprechen sie auch nur zum Teil in etwa der Realität. Besonders bei der einzigen Ausnahme sieht man das: Ein Betrag von 1 DM wäre ganz sicher zu hoch als Stückpreis für ein Ei; andererseits kosten Eier von Bio-Höfen ganz sicher mehr als 30 Pf. Die Daten sind also bewusst vereinfacht, was geeignet ist, um rasch Vertrautheit mit der Situation und ihrer mathematischen Struktur zu erreichen.
   In einem zweiten Durchgang können die Preise dann (etwa nach einem Marktbesuch) realistischer gewählt werden.
   Für die einzelnen Einkaufszettel sind jeweils mehr als die notwendigen Preise angegeben; diese Überbestimmtheit ist aber kein Problem. Vielmehr ist sie der Anlass für eine Vielzahl von Aufgabenvarianten, durch die der Sachverhalt besser erfasst wird.

2. Die Angaben machen die üblichen 99-Pf-Preise zum Thema; das Runden wird zumindest für den Überschlag nahe gelegt. Dagegen bietet es sich kaum an, selbst eigene Preisvorstellungen als Varianten durchzuspielen.
   Der Vergleich mit den unmittelbar zuvor gegebenen Preisen vom Bio-Hof kann zu problematischen Vorurteilen führen, wenn keine vernünftigen Erklärungen angeboten werden.

Kapitel 8.

1. Die Repräsentanten können immer nur in der jeweiligen Umgebung gesucht werden. Auf jedem Gegenstand, der eine Länge von 8 cm hat, kann man 8 Stücke mit je 1 cm Länge hintereinander eintragen, den Geldbetrag 8 DM kann man mit 8 Markstücken bezahlen und jeder Vorgang von 8 Stunden Dauer besteht aus 8 Teilen von je 1 Stunde. Die Möglichkeit der Zerlegung in 8 gleich große Teile ist also allen Repräsentanten gemeinsam, während sie sonst fast nicht vergleichbar sind: Die Maße eines Gegenstandes haben mit seinem Wert nichts zu tun und ein zeitlicher Vorgang ist von gänzlich anderer Art als ein konkreter Gegenstand oder eine Linie.

2. Fast immer kann man die äußere Gestalt eines Repräsentanten einer Größe auf vielfache Weise so verändern, dass seine Größe invariant bleibt. Speziell wenn der Repräsentant aus Teilen zusammengesetzt ist, ist es leicht möglich, die Teile auf andere Weise neu zusammenzusetzen.
Ein Messprozess erzeugt immer eine Zerlegung in Repräsentanten der Einheitsgröße. Die Stücke kann man neu zusammensetzen.

Beispiel:

Die Vielfalt der möglichen Erscheinungsformen ist eine Grunderfahrung, die den Schülern nicht vorenthalten werden darf! Wenn sie nur eine normierte Darstellung kennen lernen, werden sie große Mühe haben, den Sachverhalt in anderem „Gewand" wieder zu erkennen.

3. Beim Abdecken eines Streifens mit 6 cm Länge durch einen Streifen mit 4 cm bleibt ein Rest von 2 cm. 4 cm und 6 cm sind selbst Längen von einzelnen Streifen, und auch für alle weiteren geradzahligen Längen in cm findet man leicht eine Zerlegung:
$$8 \text{ cm} = 2 \cdot 4 \text{ cm} \qquad 10 \text{ cm} = 4 \text{ cm} + 6 \text{ cm} \qquad 12 \text{ cm} = 2 \cdot 6 \text{ cm} \quad \ldots$$

4. Aus Streifen mit 4 cm und 7 cm Länge kann jedes Vielfache von 1 cm kombiniert werden, weil 1 cm gelegt werden kann mit 3 Streifen zu 7 cm, von denen 20 cm durch 5 Streifen zu 4 cm abgedeckt sind. Prinzipiell ist also immer
$$n \text{ cm} = n \cdot (3 \cdot 7 \text{ cm} - 5 \cdot 4 \text{ cm}).$$
In vielen Fällen geht es aber auch wesentlich einfacher.

5. Jede Dreiecksseite muss kleiner sein als die Summe der beiden anderen (Dreiecksungleichung), weil sonst kein Dreieck gelegt werden kann. Das größte der Teilstücke muss also kleiner als 10 cm sein. Besonders groß wird der Inhalt (offenkundig), wenn die Dreiecksseiten genau gleich groß sind. Bei ganzzahligen Längen (in cm) ist der maximale Inhalt bei den Längen 7 cm, 7 cm und 6 cm erreicht.

6. Insgesamt gibt es 736 mögliche Darstellungen. Sie alle aufzuschreiben ist sicher nicht sinnvoll. Die systematische Suche kann so vorgehen, dass ausgehend von der Lösung mit der geringsten Anzahl von Münzen (1 Münze zu 50 Pf, 2 zu 10 Pf und 1 Münze zu 5 Pf) immer die kleinste noch umtauschbare Münze in die geringste Anzahl von Münzen umgetauscht wird (hier 5 Pf in 2 Münzen zu 2 Pf und 1 Pf).

Kapitel 9.

1. Aus Quadraten kann man größere Quadrate legen. Man braucht dazu bekanntlich 4, 9, 16, ..., n^2 kleine Quadrate. Da jedes von diesen aus 2 Dreiecken besteht, kann man aus 2, 8, 18, 32, ..., $2n^2$ Dreiecken Quadrate legen.
   Da aber auch 4 gleichschenklig rechtwinklige Dreiecke zu einem Quadrat gelegt werden können, bekommt man durch Vergrößern dieser Grundfigur eine neue Sorte von Quadraten aus 4, 16, 36, 64, ..., $4n^2$ Dreiecken.

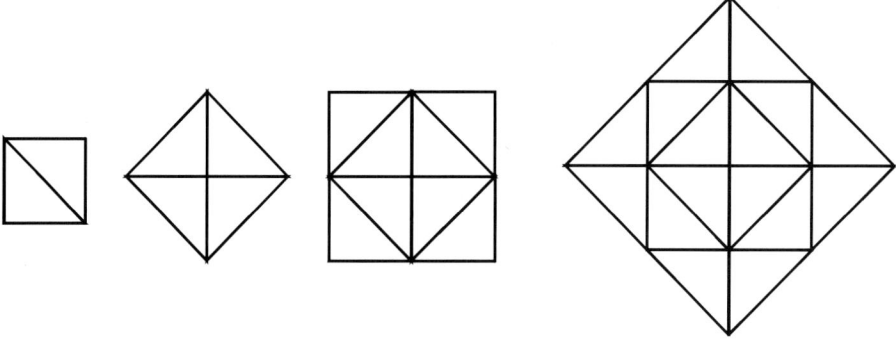

2. Bei jeder Figur, die aus gleichschenklig rechtwinkligen Dreiecken gelegt wird, ergibt sich die Größe der Winkel an den Ecken aus den Winkeln des Dreiecks (45° und 90°). Beim Zusammenlegen kann deshalb neben den Winkeln des Dreiecks nur noch ein Eckenwinkel entstehen: 45° + 90° = 135°. In diesem Fall kommt aber kein Dreieck mehr zustande; die einzig mögliche Form eines Dreiecks ist deshalb die des Ausgangsdreiecks.

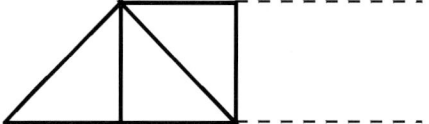

3. Sternähnliche Figuren haben in der Regel ein (Symmetrie-)Zentrum. Wenn man das Zentrum mit den Ecken verbindet, bekommt man lauter Dreiecke. Auch durch Abschneiden der Ecken ergeben sich Dreiecke, während die Form der zentralen Teilfigur von der Eckenzahl des Sterns abhängt.

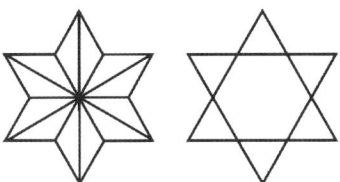

4. Auf den dreieckigen Seiten eines Oktaeders können 3, 4, 6 und 7 „Augen" gut untergebracht werden, während bei den anderen Zahlen nur unsymmetrische Lösungen möglich sind.

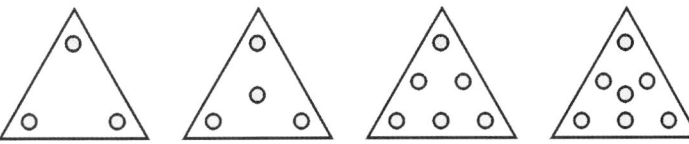

Die Seiten eines Dodekaeders sind regelmäßige Fünfecke, auf die 5 und 10 Augen sehr gut passen. Durch Besetzen der Mitte gibt es auch noch schöne Lösungen für 1, 6 und 11 Augen, während bei allen anderen Augenzahlen die Symmetrie in zum Teil unangenehmer Weise gestört werden muss.

Kapitel 10.

1. Wenn die deckungsgleichen Teile übereinander liegen, sind die beiden zusammenstoßenden und die beiden äußeren Flächen jeweils gleich gefärbt. Auf keine andere Weise als durch Klappen um die Achse kann die symmetrische Gesamtfigur wieder hergestellt werden; es ist unmöglich, die obere Teilfläche so zu bewegen, dass ihre Lage hinterher dem Bild entspricht, das im Spiegel von ihr zu sehen war.

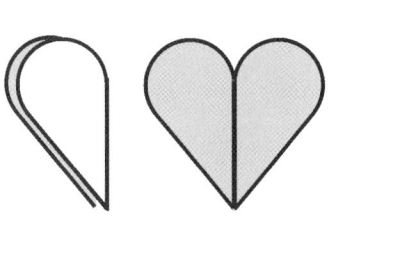

2. Die Aufgabe ist nicht lösbar! Es ist nicht möglich, dass etwa bei einem Würfel die beiden vorderen oberen Ecken ihren Platz tauschen. Im Spiegel sieht man nur ein Bild eines Gegenstandes und niemals den Gegenstand selbst.

3. Punkt-, aber nicht achsensymmetrisch ist das Parallelogramm, während das gleichschenklige Dreieck achsen-, aber nicht punktsymmetrisch ist.

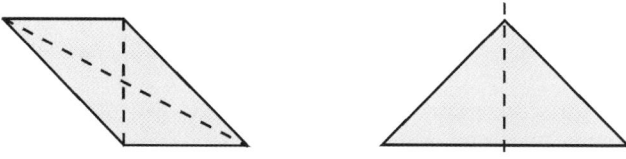

4. Eine einfache Figur mit zwei Symmetrieachsen ist die Raute. Die Achsen stehen senkrecht aufeinander – und sie können nicht anders liegen. Denn bei Spiegelung der Figur z. B. an der senkrechten Achse geht die ganze Figur in sich über. Jede Symmetrieachse muss also wieder auf eine Symmetrieachse gespiegelt werden. Das geht bei der zweiten Achse nur, wenn sie auf sich selbst abgebildet wird – wenn sie senkrecht auf der Spiegelachse steht.

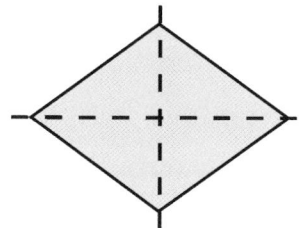

Anlage 1:

Bastelanleitungen für halbe Spielwürfel

Dodekaeder   (12 regelmäßige Fünfecke)

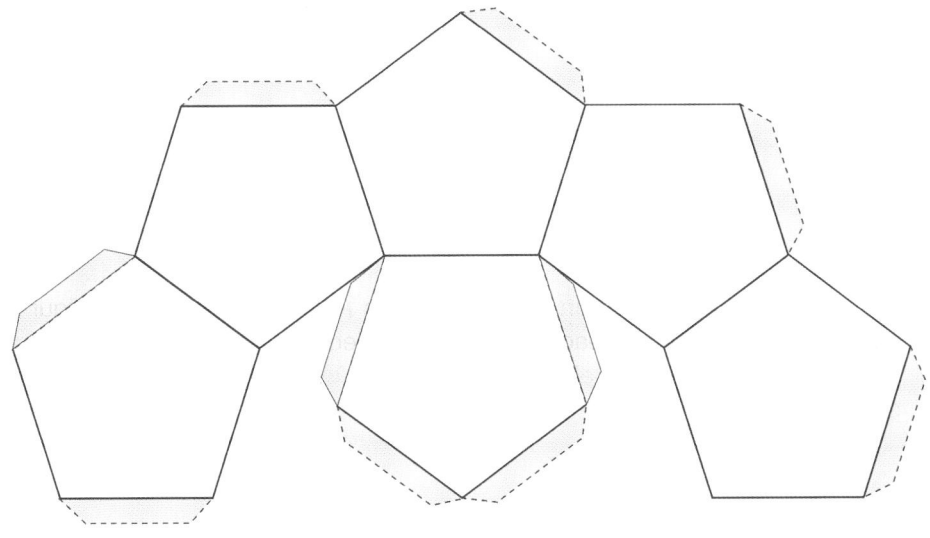

Oktaeder   (8 regelmäßige Drelecke)

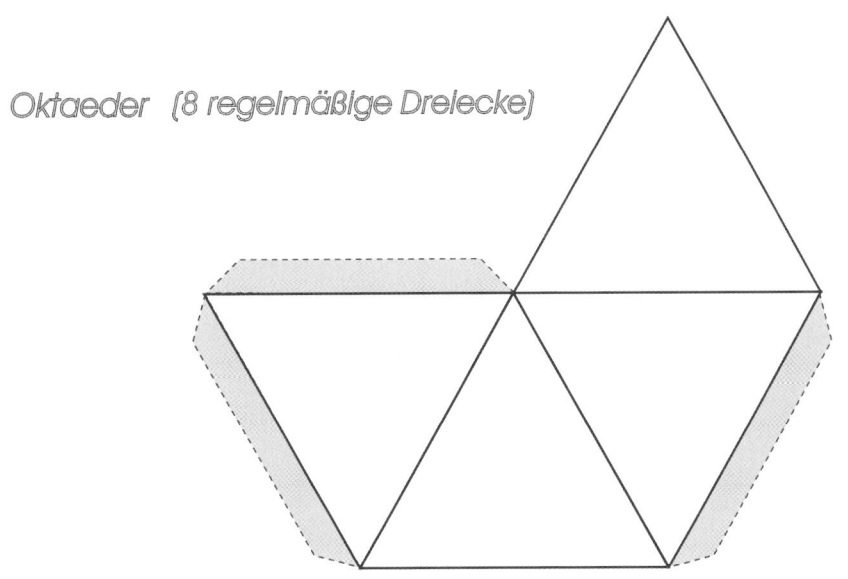

Anlage 2: Punktmuster

Immer

Anlage 3: Zahlenschlange

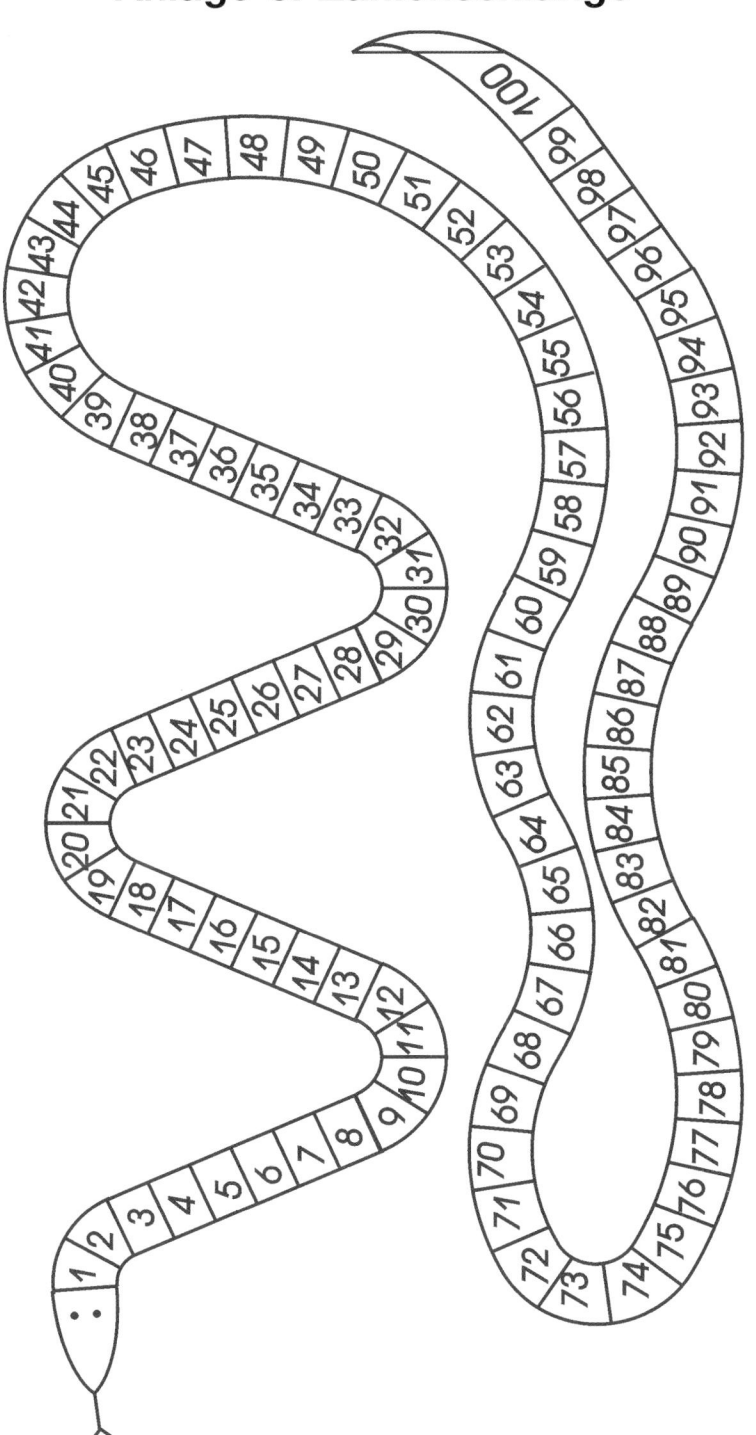

Anlage 4: Rechenstab

Anleitung für die Anfertigung des Rechenstabes:

Streifen auf Karton kopieren und ausschneiden.

Vorlage für den Schieber ebenfalls auf (andersfarbigen) Karton kopieren.

Ganze Vorlage und in ihr das Fenster (grau) ausschneiden.

In das Fenster eine Folie mit deutlichem Farbstrich einkleben.

Vorlage an den gestrichelten Linien knicken und zusammenkleben.

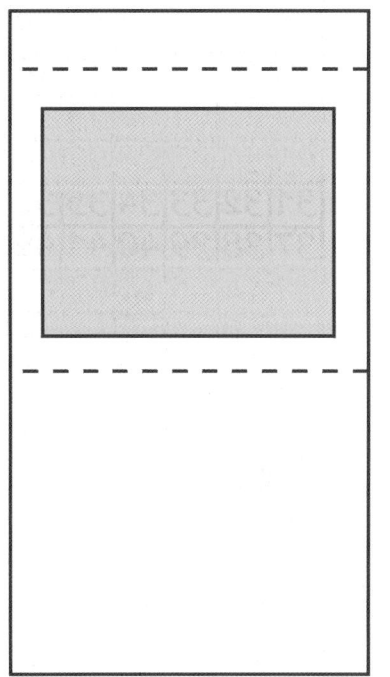

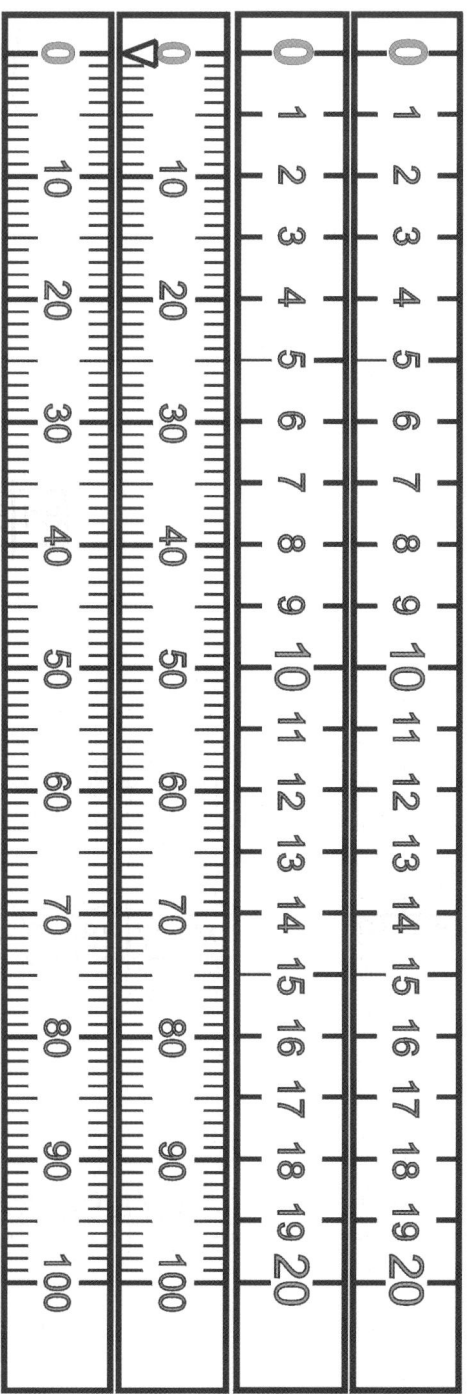

Anlage 5: Zahlenteppiche

Hunderter-
Feld

und andere
Restklassen

1	2	3	4	5	6	7	8	9	10
11	12	13	14	15	16	17	18	19	20
21	22	23	24	25	26	27	28	29	30
31	32	33	34	35	36	37	38	39	40
41	42	43	44	45	46	47	48	49	50
51	52	53	54	55	56	57	58	59	60
61	62	63	64	65	66	67	68	69	70
71	72	73	74	75	76	77	78	79	80
81	82	83	84	85	86	87	88	89	90
91	92	93	94	95	96	97	98	99	100

1	2
3	4
5	6
7	8
9	10
11	12
13	14
15	16
17	18
19	20
21	22
23	24
25	26
27	28
29	30
31	32

1	2	3	4	5
6	7	8	9	10
11	12	13	14	15
16	17	18	19	20
21	22	23	24	25
26	27	28	29	30
31	32	33	34	35
36	37	38	39	40
41	42	43	44	45
46	47	48	49	50
51	52	53	54	55
56	57	58	59	60
61	62	63	64	65
66	67	68	69	70
71	72	73	74	75
76	77	78	79	80

1	2	3	4	5	6
7	8	9	10	11	12
13	14	15	16	17	18
19	20	21	22	23	24
25	26	27	28	29	30
31	32	33	34	35	36
37	38	39	40	41	42
43	44	45	46	47	48
49	50	51	52	53	54
55	56	57	58	59	60
61	62	63	64	65	66
67	68	69	70	71	72
73	74	75	76	77	78
79	80	81	82	83	84
85	86	87	88	89	90
91	92	93	94	95	96

Anlage 6:

Punkte-Feld

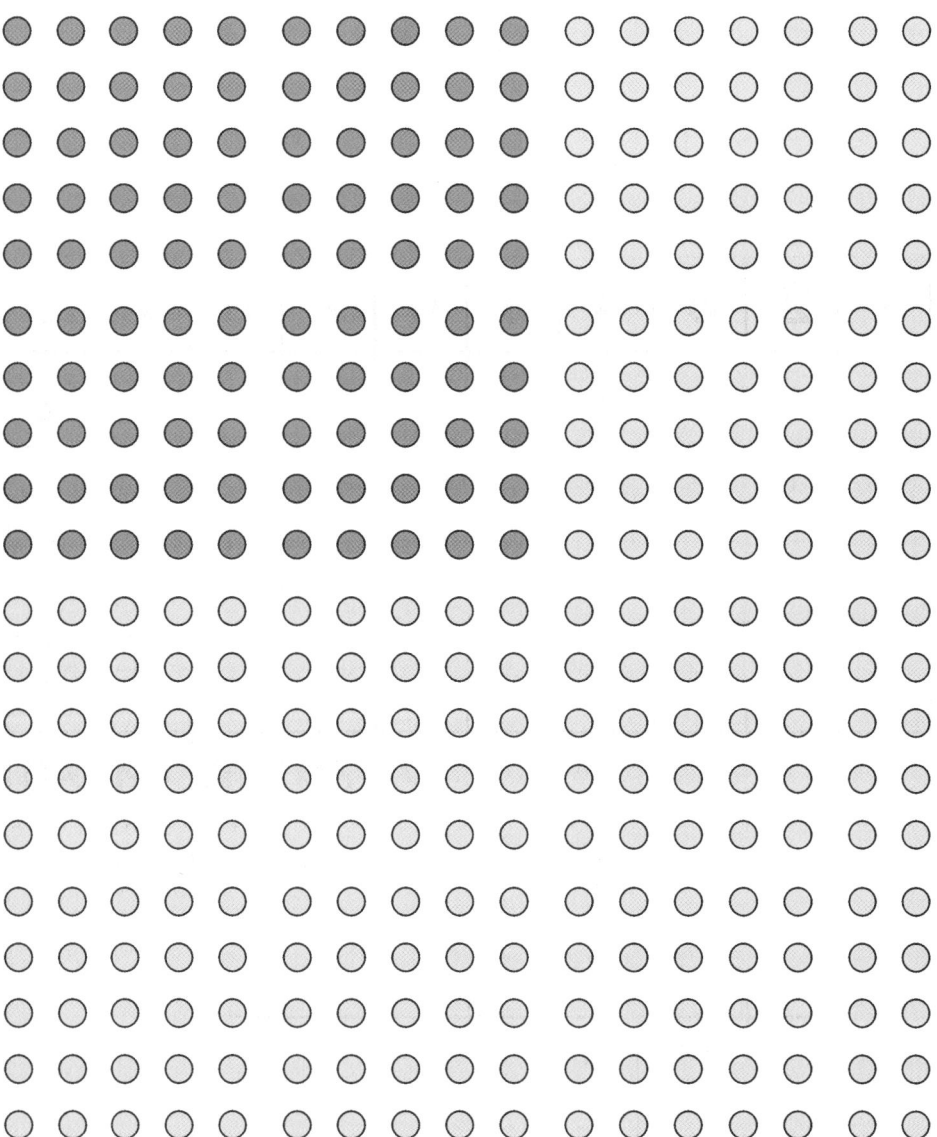

Anlage 7:

Die Einmaleins-Tafel

1	2	3	4	5	6	7	8	9	10
2	4	6	8	10	12	14	16	18	20
3	6	9	12	15	18	21	24	27	30
4	8	12	16	20	24	28	32	36	40
5	10	15	20	25	30	35	40	45	50
6	12	18	24	30	36	42	48	54	60
7	14	21	28	35	42	49	56	63	70
8	16	24	32	40	48	56	64	72	80
9	18	27	36	45	54	63	72	81	90
10	20	30	40	50	60	70	80	90	100

Literatur

Abele, A.; Kalmbach, H. (Hrsg.): Handbuch zur Grundschulmathematik Band 1. Klett, Stuttgart 1994.

Lauter, Josef: Fundament der Grundschulmathematik. Auer, Donauwörth 1991.

Leutenbauer, H.: Das praktische Übungsbuch für den Mathematikunterricht in der Grundschule. Auer, Donauwörth 1990.

Lorenz, J. H.; Radatz, H.: Handbuch des Förderns im Mathematikunterricht. Schroedel, Hannover 1993.

Maier, H.: Didaktik der Zahldarstellung. Schöningh, Paderborn, 1992.

Maier, H.; Senft, W.: Didaktik der Zahldarstellung und des elementaren Rechnens. Schöningh, Paderborn, 1983.

Ministerium für Kultus und Sport Baden-Württemberg: Bildungsplan für die Grundschule. Lehrplanheft 1/1994. Neckar-Verlag Villingen-Schwenningen.

Müller, G.; Wittmann, E. C.: Der Mathematikunterricht in der Primarstufe. Vieweg, Braunschweig 1984.

Padberg, F.: Didaktik der Arithmetik. BI-Wissenschaftsverlag, Mannheim 1992.

Radatz, H.; Rickmeyer, K.: Handbuch für den Geometrieunterricht an Grundschulen. Schroedel, Hannover 1991.

Radatz, H.; Schipper, W.: Handbuch für den Mathematikunterricht an Grundschulen. Schroedel, Hannover 1983.

Selter, C.: Eigenproduktionen im Arithmetikunterricht der Primarstufe. Deutscher Universitäts-Verlag, Wiesbaden 1993.

Selter, C.; Spiegel, H.: Wie Kinder rechnen. Klett, Stuttgart 1997.

Winter, H.: Sachrechnen in der Grundschule. Problematik des Sachrechnens – Funktionen des Rechnens – Unterrichtsprojekte. CVK, Bielefeld 1985.

Wittmann, E. C.; Müller, G.: Handbuch produktiver Rechenübungen (Band 1). Klett, Stuttgart 1990.

Stichworte